Isabel Rezmo

EGO AMARE

A Migue...

Ya no soy un ojal, un impulso del viento donde las calles se hacen lánguidas, soporíferas.
Me muevo al amparo de las pisadas en los asfaltos, en los bulevares, en los jardines, en anhelo, en una flor que está guiñándome un ojo en cada milímetro del torso. Los paréntesis dejaron de dominar el verso de las escaleras, se convierten en puro rocío en las mañanas.

Isabel Rezmo

El poeta no se modela si no canta al amor. Este poemario, no es solo un canto, es también una definición, una metáfora, un amanecer a los labios y a las noches efímeras.
A las baladas de todo el universo que se asfixia en un te amo, y en sus infinitas dobleces.

Sobrevuelo en tu EGO, desciendo en tu AMARE...

Cual una espadaña afilada
que acaricia las entrañas del cielo te yergues
Amiga incontinencia que soslayas sin medida, ni miedos.
Una Dama que pintaba paisajes vi un día
detrás de dos niños engreídos
Ajustando su índice y su pincel rotundo,
acariciando su espalda.
Isabel como regente de su destino,
corva la línea del horizonte
Evidenciando su involución, a sus adentros,
para tomar impulso
Señora amanuense de destinos,
ángel de torcaz apariencia
Adobe sobre el mundo,
levita hacia las alturas sin equívoco.
Zambulléndome a pecho descubierto bajo tu paraguas.
Nada me supo más de glorificar
sino la certeza de haber sido la fortuna
Acaso podría ser otra cosa,
pergeñando azares con hilaturas guiadas
Y acá me deleito en el sobrevuelo de un EGO,
que me sustenta.
Afina las clavículas de un cuerpo sesgado
por la guadaña de tu fuerza
Desnuda está tu alma, embravecida
y entregada cual vestal en el templo.

Quiero dormitar en el ínfimo espacio de tus párpados.

Cosiéndome entre bastidores
de tamaña pieza de orfebrería.
Canto a canto, goce a goce, cicatriz a cicatriz.
Supurando ardor, enjugando diestras hazañas.
En una casuística que torna bajo los oropeles,
mientras las hojas se desgajan.
Saben que su altura, es estar a tus pies.

AMARE, agarrada tu cintura en un bamboleo sin final.
Aparentando derviches
que se acicalan ante su último juicio.
Macerando
los filos de sus fauces de hambrientas alhajas
Acuciantes danzas de inmemoriales tiempos,
en tu respirar asíncrono.
Resolviendo las dudas místicas,
envaneciendo cada golpe certero.
Entonando llamaradas de tardíos ocasos,
justamente al romper el alba.

Quiero morir en tu EGO
y renacer bajo el solsticio de tu AMARE.
Ser el ciclón que dibuja montañas en la arena suelta.
O claudicar en el baile
sinuoso de tus dedos magnos de argenta.

EGO AMARE o AMARE EGO, en mi alma no más.
Un céfiro acariciando mi espalda,
y tus crines sutiles dibujando el nuevo destino.

Santiago Pablo Romero

EGO

El ego busca siempre absorber parte de ti, para sobrevivir, para hincharse. El día a día le reporta una necesidad de vivir por y para engordar su espacio. Busca atarte a la necesidad del tiempo subjetivo. Cíñete al momento presente, real, al estado de humildad y servicio, el vacío de Dios, o al silencio de tu templo interior.

Me ahogué, me ahogué lentamente en mis propios crucigramas.

DESENTERRANDO SUSPIROS

Los párpados me lloran
igual que un vacío en medio del vaso.
Se agitan.
En azul.
Me esfuerzo demasiado.
Como volcanes en la selva; a veces creo que se
difuminan en mi rostro. Tu rostro, o aquel que no se
deja. No lamenta.
En la noche se silencia.
Sí.
Basta mirar un meteorito.
El sueño soporífero que se deshace en un péndulo de
motivos aparentes.
Voy a acostarme. Luego me quedaré clavada en una cruz
profunda, una estaca, en cualquier lado de la cama.
Puedo ponerle infinidad de sabores, o de significados
aterciopelados.
Inherentes. Rojos o amarillos chillones, pétalos floridos.
Esta madrugada no hay hambre. Se esfumó, igual que las
ganas de masturbar un ocaso en las sombras.
Ya no seduce. Explota.
Tic. Tac....
                    .Me susurra.

Es una hoja, una mazmorra, una cantina sin vino o sin
establo.
Creo que voy a cerrar el punto final, en tu lengua.
Un amor, o un te quiero. Un déjame. Oscuro como el sol.
Mejor no digas. Desearías poder inhalar una palabra que

el sonido de una sílaba.
Un beso sin sexo, un oscuro viaje sin aposentos.
Ya cerré el gong.
Salpicó ensuciando un somier.
Juguemos.
Me desnudas y yo te penetro en un segundo sin
cuentas...

...penetrar entiende, no concibo
otra forma de sacudir mis cerrojos, aquellos de los
deseos. Las horas muertas.

Imperturbable voz de un run run...

...el gato que malvive en
mi oído.
La escarcha.
Los días.
En teoría debería pasar a la práctica sin doblez.
Jugando.
Ya lo vives, en una mano dentro de un puñado de raíces
que intento solventar como un mapa que desentierre un
suspiro. Desenterrando, mi lecho, mi nombre, otro tal
vez.
Me desentierro en ese lamento de continuos arrecifes.
Te agitas, nos agitamos en dos nadas menos un
momento que den la suma de dos murmullos, en tu
cama.

NO DUELE

No duele, no corta, no explica, no arma, no rinde
pleitesía.
No caduca, ni muerde, ni desgarra, ni se infla, ni se
rebaja, ni adolece.
No.
Ni siquiera una sutil embestida.
Simplemente seduce. Es así como me he levantado de
tanto pasado y presente invertebrado.
No cruzo eslabones.
Tampoco sopesé las malditas ganas de comer. Abro los
brazos y entonces me dejo llevar.

Volví, no llegué a irme.
Ni viajé, ni bebí. Ni siquiera desperté.

Ahora cojo la copa, y brindo por mi sombra, es bella se
asusta ahora de mi espejo real. No como las flores de
ayer, se marchitaban al oler mi dejadez. Se deshacían en
el polvo de la propia inmadurez. Florecían en miles de
gargantas carcomidas.

Y entonces...

...Ni sangra, ni se diluye, ni se achanta.
No hay mentiras que digerir.

Comen el postre de un intervalo,
en las notas del baile de un atardecer.

No duele como antes.
No transpira.
Pero me deja el rastro de unas migajas que se adhieren
al torso, se adueñan del ombligo, seducen a las manos,
escapan de mis dominios.
Fantasmas, viejos recortes de usura. Viejos, como las
trampas, adoquines locos, rojos inflamados de hiel.
Y sin embargo, ¿no lo ves?

NO DUELE.

SOEZ

(Para Pepa)

Me sentía igual que una prostituta, cada vez que me ensuciabas en la cama de mi propia soledad, cuando penetraba en las sábanas vacías de tu desencuentro en aquellos años, en que todo era menos, y no era más; solo un uno más uno de mi propia tristeza. Cerraba los ojos, y solo esperaba a un placer inacabado en mi propio fantasma. El fantasma del amor que perece y queda solamente dos cuerpos que tratan de mentir, con sus lenguas, en un vis a vis insatisfecha.

Fumabas un cigarro, y yo solo me removía recordando el placer inerte de dos segundos antes que no sabía a nada. Porque estuve mucho tiempo en una vida mediocre que solo tiritaba de frío cuando me abrazabas, y solo te amaba cuando te ibas.

Tendré que desnudarme, intentar hacer el show mucho más soez que antes, mucho más lujurioso para no estrechar el abrazo hasta que se esfume.

La doble dicotomía de ser a la vez puta y señora. Lo que ocurre que a veces olvidamos que todas las putas son señoras, y todas las señoras no tiene que llevar el abrigo como tales.

La serenidad ante el anochecer se diluye. He dejado la ropa interior, en tu lado de la cama.

Quizás hoy me la arranques sin dejar vivo el botón de la propia inercia.

Porque no quiero permanecer inerte en tu vida, si no es para volver a quitarme la ropa sin tus manos.

17

FEVER

Estoy desnudando mi pensamiento, despacio,
alocadamente. Me tomé el último vaso de la espera, esa
espera que se me va en centímetros por mis poros.
Llamo a esa puerta con los ojos. Te espero.
En torno a ti mi cuerpo seducido por un abrazo, por un
largo sonido de medianoche.

El instinto del amante.
Mis ojos quieren cruzar el límite, y atropellarte
Recorrerte en una mirada casi lasciva, puro instinto,
deseo, lánguido, fiero... El placer de los sentidos no es
más que el nombre,... tú eres un sueño real tan
placentero como humano, tan encriptado como directo,
tan real como el suspiro.

Recógeme en tus brazos y apura tus besos en mí.
Lo siento...

...Desperté y no te vi, nada más que el surco de tu
cuerpo sobre mi sábana.

NO ARDE

Desalojo.
Gritabas en mis demonios como alfileres.
Es la evasión que cada día desempolvo en mi memoria.
He muerto detrás de una resurrección.
He agotado la esgrima de mi propia cabeza.
Si para renacer es preciso volver a mascar mis cenizas,
tendré que hacer de nuevo una fragua mucho más
putrefacta
para recuperar estigmas y fundirlas con la lava de mi
memoria.
Ahora mismo, no arde.
Ahora... Quién sabe...
Escribo desde la letanía. El desahucio de la propia
lengua.
Creía que seguir un argumento
era como fundir una opinión sin acento,
consumando los segundos de aquella esbeltez.
El mar, las aguas, el ánimo, la vida, la luz. La orilla.
Escribo con vagas ideas que me vienen en un suspiro.
Ya me pierdo.
Pero no arde. Sigue sin encender lo tibio del ser humano.
Hace frío y me pierdo. Me hablo sola acompañada
de las sombras, en la noche es mucho más su canto.
Durante el día, no hay manera.
No arde.
Pero es preciso apagar la colilla.
Ahora no quiero humo. NO ARDE.

REO

Necesito amar para no ser reo de muerte.

Me ahogo en esa necesidad de amar a todo lo que me inunda, me marchito si no puedo amar en mí todo lo que no está en mí; toda la proyección de la vida, es una prolongación de mi alma, esa alma que está golpeando furiosa mi carne, empujándola, martirizándola, y ni siquiera emborrachándome de lujuria puedo vaciar ese espacio que me recuerda su olor.

Nos hemos acostumbrado a ser egoístas.
A ser un ápice de insensatez con la justificación de pagarés a tiempo limitado.

No puedo ya con ese medio de vida que hasta en el placer tiene que ser en el momento, en el acto, con una sensación de rigidez que convierte en hastío todo lo que toca.

Es el hastío el que me consume y si muero dama se asomará triunfante en la madrugada. El frío de sus rosas con una única espina clavada en la memoria, donde guardo el martirio perpetuo de mi propio salitre.

SÁDICO

Me he levantado esta mañana con flores en ese ático de mi pensamiento. La clave está en la mansedumbre del propio equilibrio.

Quería escribir un algo y no sé cómo meterlo en cintura. Meterlo en esa botella que sabe a diario. Tras los efluvios de estos días que han sido intensos como maremotos.

La vida gira y gira y a veces en ese trazo de 180º nos vemos mareados ante la soberbia.

Soberbia a desgana, como los ecos de los galimatías. No sé qué definición podemos darle.

A veces un mar, otras un seno en los labios, como ese cuerpo, el que no se ve en sueños, o a veces, casi vomito.

Demonios, tizas de colores que no saben a ningún sentido. Que no me calientan las venas y no me hablan. Casi un letargo.

Este párrafo creéis que no tiene sentido, no tiene simiente, hasta Dios me está dando un empujón, a veces se posa en mi garganta exhalando el suspiro de la resignación.

Un hasta aquí.
Un cristal.

Azul como una espada. Amargo, sobrio, delincuente. ¿Quieres comprender? Abre las manos y dime si ves. Las líneas es el paso del tiempo. El paso del correcaminos hacia el coyote de la desesperación. Ese que muerde, asfixia.

Como la prosa en este párrafo. Asfixia.

Inerte como una caja de cerillas consumida por la vid del universo.

Y es entonces cuando dejo de escribir sin importarme el que puedas entender o no, las palabras que no quiero decir.

Inútilmente en este momento.

Sádico.

Planeando un encuentro fortuito con el caimán de ojos verdes de ese inconsciente. Como el calor, de agosto, improductivo como ese recuerdo.

Estridente como la muerte.

No tiene que ser dormida, no tiene que ser ni remota, paupérrima, violarle, como el amor, el deseo insatisfecho en un tejido arrugado; drogándome para poder llegar a este momento, un minuto en cualquier reloj.

Esto no es el amparo, no es el fluir de un verso en líneas oblicuas de un teclado, o de un papel correoso.

No es nada.

No es soledad, no es conocimiento. No es un tren a corta distancia.

No es tu razón.

Por supuesto, la mía tampoco.

CUTRE

Hay frases que discurren como demonios,
aquellas que se relatan en cuentos de terror para
desvaríos.
Soy un sueño, una pesadilla, nutrida por las letanías de
mi propio dolor.
Cerré el albergue.
Fabricamos proclamas.
Nos creemos palabras.
Se desdibujan en el aire.
Creemos ser niños, no somos ni adultos.
Viajamos al compás de los otros.
Marcan las pautas de nuestro bien o nuestro mal.
Pero todos los días acabo como empiezo.
A la una de la mañana soy un terrible complot de mi
misma.
Una equivocación que pasa por las manos de quienes
ni siquiera son capaces de sentarse a probar el veneno
que no termina de matarme.
No quiero matarme, pero tampoco quiero vivir.
Y esta noche tendré que dormir pensando
que mañana no voy a vivir lo suficiente
para entender mi propia resignación.

ABRAZO LA MEMORIA

Abrazo la memoria.
Una metáfora, el sueño de un mutis transgénico.
Era espejismo deformado por mis manos.
Aquellos que soñaban y hablaban la grandeza de una
pequeña flor, sinsabor perdido.
Y en la noche mi propia ruina, la nada de un mediodía.

Abrazo la memoria, simplemente la niebla y dentro,
vacío como el hueco en tu cama. No llego, no diluyo,
pensando en los locos de la noche, las sombras
postergadas en un rosal, quedó desnudo cuando huiste.
Abrazo la memoria de una tierra rocosa, de un fuego
cruzado en mis sienes.

T

Toda mi piel es tuya, como ese relieve que impregna cada poso de mis líneas. Me recuerda tanto ese sabor grotesco de las venas en tus ojos.
El humo sagrado de mi deseo, como un flan, una mirada salvaje comiéndome la boca, la lengua que no disfraza serpientes ni aromas, ni musgo...

...Y pienso en el frío de esta noche intentando agarrarme a los barrotes de tu cintura para no morir en la desesperación de tu propia marca.
Es una desidia no poder espolvorear tu fiebre sin tener que quitarme las ganas de desnudarme en la mañana y quedarme con tus marcas, así no olvidaré abrir la puerta en la noche, otra vez, un segundo más que pueda amarte (...)

SUIT

Por las mañanas yacen los deseos en el café amargo que me gusta. Me satisface como una noche después de tener sexo, de poder brincar en la cintura de unos labios que atraviesan mi garganta, bajo un influjo donde se pierde los sentidos. Estoy aun medio adormilada, pensando en esa locura que horas antes has hecho estremecer mi cuerpo.

Algunos callan pasiones porque les devora el apetito, yo me devoro pensando en esperar a que vuelvas a relamerte en mis brazos y me seduzcas con una palabra prohibida al gusto de tu bajeza.

Las bajezas humanas se esconden en tejidos entallados de la propia hipocresía, son instintos, pasiones, deseos que ocultamos a los demás como un tesoro encurtido en la piel que solo se abre a la noche como al abrirte de piernas, esperando a que saltes encima de mi propio instinto, y extraigas la sabia que el jodido día escuece en mi interior...

Porque el sexo, como todo es a veces, lo único que podemos encontrar como alivio a nuestras propias mediocridades, la tregua de la vida que permite por un momento, abandonar nuestra injusta, podrida, e inútil (en ocasiones) existencia.

PIEL SOBRE VEINTE

La tarde es caprichosa, y simula un cerco de manantiales
en las hendiduras de los balcones.
Un sol o dos imagino.

Mientras tecleo incansable el tic tac de las teclas de un
monitor que se queja del tiempo en los suburbios.

Debería pintar el rocío, el octubre rojo de las esferas
como la pértiga que desfloro en mi caligrafía, en mis
momentos, en el mutismo de mi conciencia.
Son casi las cinco de una hora taurina en el pensamiento.
Ponerse la solapa al cuerpo que se desliza es corromper
el agua de la saliva, el agua de los aljibes de ese segundo
que secuestro en el armario de la repisa de mi cuarto.
Los efectos son tangibles en esta primavera asfixiante si
miro una fotografía que lleva años pegada a mi cerebro,
y que me recuerda, el pétalo despintado de las
camisetas, que nunca me puse por miedo a decir los
trabalenguas que los niños se cansan de repetir.

Son casi las cinco, a las diez habré cometido la
imprudencia de volver a pintar las cinco menos cuarto
en mi litera, y volveré a sacudir las manecillas de los
dioses y de las certezas. A piel sobre veinte, discutiré si
las proezas sirven a rajatabla los oasis perfectos.

Un muslo, un acento o quizás torpes como liebres.

TE AMO A RENGLÓN SEGUIDO

Te amo a renglón seguido.
Debo decirlo, gritarlo, custodiarlo, abanicarlo, agarrarlo
que no se disuelva en el polvo de tus besos en mis
labios, en los pómulos, en el camino, en la memoria, en
el páramo de mi propia soledad.
Mi piel se mancilla por el relieve de las incertidumbres.
Mi cuerpo es una marea de nostalgias en el subsuelo, de
las reliquias, de las azoteas, de los músicos, de los suaves
golpes de los telegramas y mientras yo dedico dos
minutos a saborear el nombre perfecto de un obstáculo
arremolinado por el temor de sucumbir a la evidencia de
quererte.

LUSTROS

No podría entender la manera de indagar en los acentos dormidos, como los azulejos de los escorpiones de las laderas. Acompañan los ladridos de las luces en el mediodía, en las inquietantes voces de los susurros. Y no sabría palidecer en esta hora lánguida, observándome a la quietud de un cuadro con el bastón de las certezas en un crucigrama de dos maneras de responder sí, ante tus errores.

El cansancio de las verdades escuece, respira como un cronómetro en medio del bar. En la paciencia o en la despedida, en las huellas, en el asfalto, en la pérdida, en los celos, en los huesos o en la costilla que no comió Adán frente a la embriaguez de los besos.

Me acuerdo o recuerdo la nostalgia como un baile de salón, una bonita encimera. En ella, reposa mi lengua, o mi mordaz sarcasmo encendido de bellas sinfonías, o motetes en las habitaciones de un desdén inflamado por el infierno.

A los viejos rencores humedecen los semblantes, palidecen como la sangría de los pliegues, ni a los versos respondo, porque la práctica encerró la pestaña en un imposible.

CIERRE.

Se me cierran.
Los párpados, las insurgencias, los desamparos, los
cigüeñales.
Se me cierran sin un desayuno con las pupilas rotas del
escozor.
Se me cierran, golpean, con aire descarado a las sábanas
de la codicia de desearte un rosal enjaulado.
Se me cierran, disecan, callan la luz que naufraga en el
límite de un casi o supuesta levedad discordante.
Se me cierran.
Se me cierran.
Se me cierra el pestillo de los tulipanes como la nevera
esculpiendo brotes de golosinas.
Los cerrojos ya no lloran libélulas de caligrafía que rocía
tu nombre en cada esquina, de los comensales.

ECOS

Me acerco a tus frases impronunciables.
Parpadeos firmes
como estacas tras huellas imborrables.
Lo noto.
Un vaivén de coloridos
en espera de adoquines,
para ser colocados en aquel ángulo.
Incertidumbre del momento... hasta que pasen.

SILBANDO

La tinta de mis letras está vaciando mi ecosistema, en
múltiples o sencillas variables que voy apuntando.
Apuntalar lo deforme, lo absurdo, es sinónimo de roto.
Un roto en las anillas o altercado a la razón.
Los humanos somos una ecuación tridimensional de
vacíos, cuentas y treguas vendidas, de exquisita
mansedumbre y liviana memoria.
¿Quién habla con un "bla" en los ojos, en el agujero de
las cicatrices? no me permiten las ganas de arrancar de
cuajo el múltiplo de 3 para ser algo menos que un arpón
en medio del circo.
¿Por qué morir en minutos cuando lo hago en voces
disidentes, galápagos insurgentes que destrozan las
ganas de fornicar en las gargantas?
Has tomado por error mi garganta, mi sexo, mi huida, mi
labio, mi ceja, mi contradicción, mi bombilla, mi
sombrero o mi queja en adornos que se escapan de las
encimeras y me convierten en nada que no quiero
ofrecer, y sin embargo...
Quién... ¿Quién tornara el aire y lo convertirá en espuma
de azúcar en mi relleno?
Tan ácido, amarillento, tan nublado como un muslo en
medio del placer en los brazos de la fiebre o del estigma
o la desnudez.
Podría beberme el litio, y destronar la guerra de mi odio
con el opio de la paz, sorteando silbidos que no soy
capaz de traducir porque es como darte cuenta de mi
debilidad, no está preparada para el galanteo en las
sombras.

CASI HUMANO

He esbozado un licor. Me seduce en esta cabeza.
Es una hora corpórea. Piel melocotón de una telaraña
que se desliza en un sucedáneo.
El mar azul de una boca. Consustancial al verbo amar.
Casi podía, oler. Un casi no sé qué es insustituible a ese
ardor. Un casi poder en la propia manera de santiguar las
horas. Y sigo luchando en un arranque de locura a la
propia insinuación.
Casi. Si estrujo la miel de un panal.
Pronunciando casi distintas maneras de soñar.
Antes, cuando recordaba el reloj de un meteorito caído
en la memoria, era cobarde para poder desgranar los
aires de la paciencia.
He soñado una mariposa que vuela en el asfalto.
Amado. Seducido. Violado. Fluido.
Una masacre de letras en un amparo, en un pantano de
la propia envidia de poder casi suspirar.
Casi prefiero decir que he vivido menos de lo que
imaginado.
La penuria es proporcionar, al grado de amor, que
escuece en las sombras.
Casi humano.
Casi lleno. Casi sola al límite de ese casi lloro.
Ni como, ni duermo, sí. Tampoco me excito en esa
montaña.

INSOMNIO

No miro el reloj en esta noche. Apenas en un centímetro escaso de mis ojos puedo ver la luz entre tinieblas. Vaso frío. Vaso inerte. He estado danzando toda la noche entre la duermevela y la caricia. Descorchando siluetas entre naranjos vacíos. Oía la risa de una niña. El forcejeo de las sábanas en la intranquilidad.

Pensando en el vacío. A veces lo encuentro tan... no sé explicar la vicisitud de la propia regla.

El dialecto de mis niñas es como un polvorín en medio del caos. O de la vida, o de la inercia.

Lo importante es cambiar el pomo de unos cuartos, cuando el marco establece diferencias irreconciliables, sin que el perdón sea el dueño del fracaso.

Ya me perdoné. La vida, me debía un trago, no de aguardiente, si no de lluvia, resbala como los fusiles en las madrigueras, esa... que arremolina el despojo y lo libera de la tragedia. Hago matanza de renglones en las quimeras de mis fantasías, y luego... las adormece la respiración de mis almas, las dos que me esperan en cada mañana.

Sus almas, forman una delgada vía láctea, en un universo lleno de corchetes y violines artificiales.

PIENSO

Siempre me pareció un desafío seducir a la vida.
Soy una romántica. Algunas veces creo que vivo los
sueños como realidades. Como fantasmas que se nutren
las paredes de mi casa.
Acabo de llegar. Me tomo otro café. Pienso, pienso,
pienso como las máquinas que atornillan el engranaje de
mi existencia y siento que me tiraré toda la vida
escribiendo memorias en diferentes telares. No creo que
pierda el tiempo. Creo que nací en este momento.
Momento en el que acaparo la realidad como un
náufrago. Los islotes se fueron, al despuntar la puerta.
Ese vacío. Esa plenitud. Al margen de las líneas
divisorias.
¿Al margen? ¿Por qué? ¿Para qué?
El ser humano es capaz de hacerse preguntas estúpidas.
Con cuentagotas que saben a miseria. Otras veces
encuentro como Kafka, un surrealismo, una objetividad.
Un dormitorio de pisadas en la desnudez de un deseo,
que me invitan a pensar que el disfraz lo dejé pintado de
relleno. Odio los disfraces de un solo tono, monocolor de
sentimientos, a mí siempre me gustó volverme
cromática, ambigua, ambivalente...
Desnudez. Sí. Como el agua. El agua es desnuda, como la
piel. Sin escamas. No puedes verla hay que imaginarla en
un fondo blanco. Pintarla de color, el color del terciopelo
escondido en estatuas sin sal. Pienso, pienso, pienso.
Arrastro. Los argumentos se me describen como el
papel. Imprimo en mi memoria, archivo en el corrector
de experiencias... ¿El corazón?

A SORBOS

Me dedico un sorbo de mi tiempo.
Un sorbo en la noche para matar la rigidez
que está dosificando mis escrúpulos.
A sorbos.
Me dedico versos, acaso una pequeña luz en este cuarto
con el ordenador a punto de apagarlo.
Increíble como hacemos un mundo de este sitio.
Pequeño y hueco.
Increíble como la palma de las manos
asoma la línea recta de un crepúsculo en el silencio.
La verdad que a veces me pregunto, mis propias
afirmaciones.
Me respondo mis propias certezas.
Acabo de descubrir un paréntesis.
Voy a ponérmelo como la soga alrededor de mi cuello.
Es importante los pequeños detalles.
Es importante sentir como fluye los argumentos
y conducen a epílogos. A frases malditas de un eslogan.
La vida es efectivamente un eslogan.
Un maldito eslogan que lo compra el que sabe mejor
venderse.

SEGUISTE

Hoy no te paraste.
Hoy seguiste calle abajo sin el resorte de volverte.
Seguiste como el cuerpo que se orienta en el vacío, que poco a poco muere entre las pisadas. Como una sombra de mimbre, como los cuerpos desnudos, como el descaro del argumento malsano.
Dejaste que una parte de mi rompiera, presionara mi carne, mi piel, mansamente.
Me quedé anclada en el resorte de tu mirada perdida.
Los poros disimulan afrentas acomplejadas por los divorcios mal avenidos y ni tú ni yo, ni nadie, ni ninguno, nos atrevemos a lavarnos la cara entre los escollos, los escombros, la suerte mal aparcada.
¡Ah! Esa parte de mí se está mofando de los charcos que operan bajo mis párpados.
Se ríen, se hielan, sangran, pervierten, condenan, disimulan el atrio perfil, de un testamento.
Nuestra historia se ha parado entre dos moléculas de la misma sangre. Entre la poda del árbol en primavera, y las hojas amarillas del otoño.
Solía decir que la sangre que me riega debajo de los fajines, es la misma o idéntica paradoja que aquella que define el ADN. La tuya.
¿No te das cuenta? ¿Me estoy desangrando sin poder abrazarte, ante la poca postura directa y perfecta que me queda cada vez que estamos frente a frente y sin respiraderos.
Seguiste. Seguiste.
Sí. Ni mirarnos.

**Seguiré la senda de tus infinitas voces, de tus infinitas
caricias en una clave de sol hacia los hechos.**

**Eres el cortejo de un sueño sembrando destellos
como una mano en la letanía de la mañana
un surco, un tiempo o verbo subjetivo de mis días,**

**y un cielo de estrellas en la brisa de mi regazo
como un grano en el mar de mis sonrisas,
y un tesoro en la piel de mis abrazos.**

La letanía,
una flor en el tiempo.
Observamos.

Las flores tejen
y disparan retenes,
amaneceres.

VUELAS DORMIDA

SORTEANDO MARGARITAS.

BEBES SUSPIROS.

Vivir desnuda
en medianas lascivas.
El viento muerde.

Son tus roces
eternos y gélidos.
El mar un verso.

Los relicarios contestan a las flores de mayo,
serpentean los alfileres de las cornisas
y seducen los grillos
en las praderas:

SE FUE

Se fue, no temas.
Se fue entre caminos de la carne,
entre las moradas de la noche.
Se fue, se dispersó.
Entre las raíces de los besos.
las amapolas y las luciérnagas...

ES TU SILENCIO

No importa.
Sí que importa.
No duele, solo quema.
No abrasa,
escupe.
No muerde,
solo desgarra,
no transpira,
solo seduce.
No habla. No grita. No arroja. No dice nada.

ES...TU SILENCIO.

SHSS!

El sueño es un mármol caliente
de lánguido beso.
Yergue el frío gélido
de unas pupilas
ciegas
y una mano en el pomo.
Y los silencios cortan.

LLUVIA

Lluvia
en agosto.
Cae.
La selva de la opacidad.
Duele
el silencio de una flor.
Viene volátil a una pestaña sin ojos.
Se pierde
desnuda.
Abre la tierra.
¿No lo ves? Es la huella de mis pasos atravesando
zapatos en el aire.

Lluvia... racimo en flor.
Se me escapó y decidió dejar de aullar ante la luna.

MIENTES

Mientes.
Falsedad que viaja en una botella de anhelos y lagunas,
la sencillez de un desafío.
Sal que adolece en unos párpados comprimidos.
Mientes.
Exquisitez de nombres disfrazados,
terrazas de flores niqueladas
bajo el bozal de la certeza.
No veo, no oigo, no tercio mi boca,
no trazo dibujos
en líneas separadas
en fronteras sin esquinas.
No hago nada que no sea cierto, que sea evidente.
Cuando mientes, lo sé, escucha...

Mientes. Cuento diluido,
ladrón de pretéritos en el tiempo,
vanidad dormida y acomplejada.
Mientes una vez más,
siempre mientes,
o será que las verdades como puños me pesan
y las espadas atraviesan con descaro,
cuando prefiero que me mientas
y calles mi boca.
Lo más vanidoso es hacerte creer que me mientes,
cuando yo sé que me miento a mí misma,
y dibujo un matiz de desencuentros
en el umbral de tus palabras
junto a mis textos sin caligrafía.

AQUÍ

Aquí me quedo. Me encierro en la vid.
Aquí me arrodillo.
Hincar la desnudez en un hueco del tálamo.
La sequedad del alma es un bastión descolorido.
Aquí.
Simple y llano como una alegoría.
Aquí en el manantial de la boca, en tu aroma.
Estoy en la no presencia que se hace espíritu,
y en la penumbra escribe con nombre impreso,
la caricatura de tu dulce condena.
Y sigo... aquí o allá sin mucho afán por enumerar
razones, por las que no me muevo,
ni hago gestos en molinos y gigantes
que no volverán.

HIATO

Me duermo encima del pecado.
Me está provocando un surtidor de fieles al sol.
Como esas calaveras arañando las enaguas.
El pensamiento se maquilla con estaño,
y el viento asienta el coral que se desliza.
Si pudiera cambiar todo por un segundo
de agujerear la tela de araña.
Se me cierran los ojos en el candil
de un uniforme en las patas de la mesa camilla,
de tu yo subordinado.

ROTOS

En las aceras, como los pasos abiertos.
Regresaba con el tumor en los huesos de la noche,
el atardecer de unas bombillas
haciendo fuerza en las sienes. Incuestionables.
Y conseguí meterme en las callejuelas,
en las aceras, y me oía el eco en un traqueteo
entre las sombras y las farolas.
Taciturna, como los poemas que se me olvidan escribir.
El anochecer pintaba lascivo.
Soy promiscua, en mis sentimientos,
y en el orden de los factores, no altera el producto
resultante de mi propia sotana.
Los rotos siempre fueron mayores,
nunca consustanciales como el verbo matar.
Recorría un escalofrío en la espalda de mi costado,
en las mieles de los recuerdos y las nostalgias,
me invitaba a no existir,
a no matar, a no doler, a no amar.
Amar... amar... insensible
como la escafandra de un lobo de mar.
¿Entonces?
Déjame morir al amparo de los páramos,
allí la dama se encuentra solícita
para violar los pactos y los modos encantados,
los que no se oyen.
¡Qué ensoñación tan inerte, tan vacía!
Tan grosera de haberte visto.
No morir mañana y no despertar,
no quiero gambas de champán en mi sillón.

La niebla una dama envolvente, casi escuálida.
Los ojos son labios que
hablan que seducen un mediodía,
una flor, las marismas de los gestos.

BUCEAR

Está silbando en mi espalda. El viento.
Está pronunciando una frase
en un garabato escondido.
La dicha.
Está.
Abanicos como las olas.
Surge.
Impronunciable el delito
de secuestrar una prosa en un poema.
Ese, que escribo desde que nací.
Buscando siempre la misma búsqueda.
No perder.

LÍNEAS RECTAS

Rectas.
Puntiagudas.
Oblicuas, políglotas.
Azules, blancas, dormidas.
Celestes,
Ambiguas.
Atrapan, alumbran, discuten, silencian.
Aman, perdonan, duelen, olvidan.

DESNUDANDO

Me desnudo en la palabra.
Como el marfil.
Me arranco la sobriedad jugando a elegir.
Cada centímetro de una odisea es un revuelo de
nostalgias.
No puedo sucumbir al epílogo de una sílaba muerta,
de la grandeza de unos bordes en la acuarela.
Soy un desnudo bajo el sol,
de la quema de mis ruinas.
Como el ombligo de un acertijo,
voy apartando caminos,
luces, hambre, sombras, versos.
Aquello que nos mata
es un desnudo ante el espejo,
ante un ardor,
ante un minúsculo vacío de operetas.
Soy un desnudo que se desnuda
al amparo de los visillos
de cada día.
Sin ropa naufragando en el océano de las caricias,
buscando quien buscar en los vaivenes de las brisas
y los vientos de las mareas.

CAE

Caía una lágrima sutil como la mañana.
Caía. Como las rosas en agosto.
Una sangría en la memoria.
Caía una aurora como el atardecer de un suspiro.
No pude darme cuenta. Se secaban los pétalos
de mis días,
fulminante me asolaba un huracán
entre las huellas del tiempo.
Caía el espejismo. Simplemente se difuminaba
en un rostro,
aquel que intensamente alborotaba mis labios
donde mi deseo se escondía.
No fui capaz de articular una locura en medio de esa
llama. Mis manos abrían el surco de mis huesos...
Caía lánguido. No pude agarrar el nombre,
la palabra se descomponía a la voz de un fonema.
Cae, solo caía, agarraba las manos para no caer.
Agarraba la estrechez del amor para no volar.
Agarraba la caída en el cristal de la mampara de mi
regazo.
Solo caía... despacio, levemente, tenue,
una pluma sin viento,
un sesgo sin orillas.
Es cierto.

Caía

CAE.

BESOS AL AIRE

Te abrazo con la palabra.
A veces atraparte
en una belleza en el horizonte.
A veces... dibujarte en el aire.
Solo a veces.
Ahora no soy capaz de mirar, ni de pronunciar
besos con lengua.
Besos al aire.
Besos sin escarcha.
besos...
Seducirlos con el sabor del vino añejo
encaramado en el centro de tu propio universo.
Y soñar que sueño una fantasía mágica,
De los propios aromas,
y dejarme llevar... a donde quieras llevarme,
acostarme con la incertidumbre de que mañana no te
veré.
Terminaré por inventarte.

DERRAMAS

Y vino la noche,
otra vez no me respondió a su pregunta,
otra vez me dejó la certeza
en el tendedor de la solvencia,
otra vez, en un intento,
estrujo la termita y salió arena.

PIEL Y NO VERTE

Piel y no verte,
casi tardío en una prolongación.
Piel. Como amarte,
casi un destierro en la llanura
y un sabor en la contienda.

Mi piel, tuya, nuestra,
de ambos
y no verte en el oscuro reflejo
de la batalla.
Piel con piel igual al resto
multiplicado por el zaguán de los
sonrojos, de la madrugada
que no entiende mi piel
reclamando a gritos
tu piel y no verte.

ÉRAMOS

Éramos al pie quebrado,
a la piel erizada,
a los orgasmos contemplados
en la codicia de vernos,
a las espadas insufribles,
a la perversión de necesitarse... eso éramos.

¿DÓNDE?

¿Dónde están mis proclamas?
¿Dónde?
¿Dónde andas amor?
¿Dónde?
El suspiro
que recorre los cielos,
o las noches.
Me adueño
como la serpiente
de los lirios, de los besos,
del aguardiente.
Los tumultos,
Imploran tu frente.
¿Dónde?
¿Dónde anda el crepúsculo?
¿Dónde?

PERDONA DEL ATREVIMIENTO

Perdona este atrevimiento.
Perdona que mi ser lascivo
se desangra en el detalle,
Una vez... otra y otra...
Levemente, aumentando
la tibieza de considerar...
esta especie de miedo,
de secuestrar las gotas de lluvia
sobre los charcos.

SE ACABARON LOS LABIOS

Se acabaron los puentes, los labios,
los márgenes de las sangrías.
Acabaron las treguas.
No puedo exprimir el limón,
se quedó huérfano.
Me quedé inerte,
me quedé fría.
¡¡Pronto, pronto.....!!
El cartero se fugó con mis versos
y atravesó la mampara.
Mi lengua está doblando
la pared de un maleficio,
surcando la odisea de ser Ulises
mientras Afrodita juega con Apolo
en diferentes resortes,
donde cerrar las llagas.

ARRECIAR TORMENTAS

Y arreciar como la tormenta,
en el oleaje de una flor,
poema quebrado,
amontonado en palabras inertes,
efímeras.
Cursilería de cortinas
rasgadas por el humo
de un aspaviento.
Las esquinas ensucian
el equilibrio.

PRESENTE INDICATIVO

A ver si pongo el presente, en modo indicativo completo.
Ponemos la reserva en el epíteto, en la comisura,
el abandono de tener nuestros cuerpos,
a la ventura de rociar tu nombre.
A ver si se puede, o se prescribe el fundamento,
o la valentía, o la razón a la sinrazón
que clarea los pasos.

Me quedé sin verbo a la deriva de imponer
un surco en los intervalos,
las celosías son tan altas
como la impaciencia de alcanzarte.
La delgadez es extrema,
como las líneas divisorias de tu memoria.
Pero me quedé en pasado, en el pretérito
que no descompone la suma ininteligible,
y sospecha de avatares ruidosos
que asomen los adjetivos.

QUIERO

Quiero contarte ese secreto.
Dormido en la migraña,
en el tiempo,
en el absurdo don de la profecía.
Quiero, de ese querer lascivo
sorteando el peso de los relojes de cuerda.
Repetir cansinamente
el coral de los suburbios,
abierto en portones de alegría
en el almendro.
Quiero, que te quedes
en la duda de las palabras dormidas.
Como el pasacalles, la indulgencia,
el amparo, la soberbia,
la magnificencia,
la escasez, las restas,
la alquimia de susurrar
como la alondra,
que quiero
solamente subrayar
el anhelo,
producir
los colmillos en las raíces.
Y querer. Solo querer...

...Eso quiero.

REZMO

Traslúcida. Marea.
Suave como el atardecer.
Me dejo ser algo indefinido.
Transpirable como el frío. Hierve.
La embriaguez es sémola. Acorrala.
Me deja fluir como las nubes en pleno anochecer.
Tú deshaces metáforas incandescentes como la vid,
sublimes como un lienzo,
angostos como ese valle, y tardíos como el ocaso.
Apenas diré sencillas artimañas
para creerlas a mí misma.
Mejor... no saber que poner
ante una mentira de medias verdades.
Mejor... no decir. Nunca quise hablar
sin poner frases en un taburete.
Mejor. Sencillamente cerrar la puerta
y quitar el llamador.

SORTEANDO UNA FLOR

Al abrigo del soplo.
Estrechando rayos en las sienes.
Sorteando una flor
en tus manos como marismas,
arrecifes en el sol de las siembras.
Los membrillos son como luciérnagas.
Sorteando una mirada.
Esas que se desvirgan al amparo de un te quiero.

BESOS QUE NO PEDÍ

¿A dónde recorrerán los besos que no pedí?,
los rompí en tu piel encaramados
en profecías de mi sexo,
esgrime gritos en palabras rotas.
La vida es lasciva, un tumulto entre las manos,
un cualquiera en la mirada de un párrafo prolongado,
de un desamor roto
en cristales despedazados por mi furia,
la que me habla a voces
en tormentas de un rayo en lo salvaje,
cuando mis ecos se prolongan en pesadillas atadas
por la incomprensión de mi mente,
es entonces,
mi vida,
la que asoma en un pedestal mugriento de aromas,
los que cacé en un safari de mi inconsciente.
En la inmediatez, de tu desnudo,
me alojé y la ventana cerró a los deseos...
que se cavan en fosas oscuras.
El aliento se esfuma en la niebla, de la desesperación.
No lo dudes, las quimeras no existen.

HE DEJADO EL VERSO

He dejado el verso
mutilado por un estertor en las voces,
he dejado mi alma reposando
en el atrio de los manjares.
Observo un cuerpo bendito de amapolas
rígidas como la aurora,
escarcha de la noche que se rige
en la primavera de los ojos de miel.
Y es cuando me destapo
tratando de arrancar la piel cubierta
de ceniza que pisotea al desnudo mar
de la espera.
Y luego... renuncio a encorsetar los segundos.

ASÉRTICO

Olor del día,
mientras canto al lienzo.
y me suicido.
.....
Podría extinguir,
macabra oligarquía,
y respirarte.
.....
Tracé suelos
y descompuse el ámbar,
até cielos.

SI ESTUVIERAS AQUÍ

Si estuvieras aquí.
Es un grito poderoso.
Miro enfilando la calle,
mirando sus salidas.
Si estuvieras aquí.
Es una actitud lastimera,
con acuse de recibo en mi parada.
Farolas. Aires. Piedras.
Si estuvieras... tan solo un instante...
un salvaje segundo en esta tardía tarde.
Si estuvieras, si me dejaras coger de la mano
el transeúnte momento que se acaba,
la cuesta del polvo y de tierra,
que me grita tu nombre.
Si estuvieras...
arrancaría la flor más hermosa y versátil
de las plazas, de los jardines...
la tierra que siembra la longitud de las campanas,
de los tejados, de las cigüeñas en los campanarios.
Me digo, complaciente
si estuvieras... si hablaras, me cogieras...
Si estuvieras aquí...
Te enseñaría las azoteas,
los dulces rayos de aromas de la aurora, del amanecer,
de la tarde noche en las ventanas.
Con sus visillos, con sus lindes.
Y escaparía el agua de las fuentes,
de los cántaros de antaño...
y yo... Si estuvieras aquí.

El ego es una partida de cartas que se adueña
de tu máxima apariencia.
Ni contigo bailar en la noche, ni conmigo en el amanecer
acordándome de tu infinita esquizofrenia, de jugar al
escondite como un ladrón al quicio de la propia cobardía.
Casi espero el sonido de tus gestos imaginando que
vienes.

EL CIELO SE CONVIERTE EN UN POMELO

Tengo las estrellas comiendo de mi mano. Los recojo en el firmamento cuando una a una bailan en un cerco sin montura.

El cielo se convierte en un pomelo, azul frío de una almohadilla que pega a la inconsciencia.

Me estaba rapando, quitándome las duras hierbas que agujereaban el semblante. Duro, incierto, angustioso pero corpulento. Y esas llamas que viven en el huerto de un amanecer. Hacen el amor como el sexo de una fiebre, el bálsamo de una llamada, del tacto que no se termina y queda suspendido de una flor en la yedra.

Semejante a tu semblante dibujaba estrellas, las que sobraban del cielo y formaba un collage con tu nombre tergiversado por una letra, se apellida la vida y se venera como la cálida azucena de tus labios. Mirando el firmamento me decía: Disculpa, eres tú y no yo.

ESLABONES

Estábamos en la madrugada, caía lentamente el eslabón de tu cuerpo como una manzana prohibida. Caía tus labios alrededor de mi piel formando escamas inertes en la fiebre del desamor... Escuece, como un ladrón solitario, amenazaba, como un punto en mi muslo, quitándome la ropa, perdiéndose en unos ojos cerrados que no ven pero sí claudican... es sencillo... se prostituyen como el vacío.

23:39 HORA MENOS

Casi medianoche... casi una sombra... Casi una escapada, un trozo de celofán en los labios. Un aguerrido triunfo, un pensamiento en un renglón diluido en el formol del ropaje, que una y otra vez se llena de espejismos. Mientras, en la sombra te invito. Me estoy tomando una copa a tu salud. Pero tú lo ignoras, hasta que algo... recoge los restos... y los hace hambruna... 23:39 una hora menos...

RUIDO SIN NADA

Ruido sin nada. Es la forma que en este momento me puede. Miles de palabras me afloran en una quietud sin enfado. Miles donde estás tú. Donde no hay peligro de derrumbe ni desahucio. No hay muerte o destrucción del otro. Donde sencillamente, no hay.
Estoy.
Con la mano agarrando la niebla de tus manos, porque no hay manos.
Pero estoy, estamos. Eso no pueden borrármelo. No pueden matarlo. Aunque no exista. No pueden cortarlo. No puedes silenciarlo. Las palabras pueden amordazarse. Los reflejos pueden destruirse y los céntimos de tu amor quedarse.

SOLAPAR

Si pudieras descifrar mi memoria...
Muslo o seno en los vértices,
azul carmín es los membretes.
Espadas, y los labios como grita el maestro,
es la destrucción. Pero tú lo pintas,
yo lo escupo,
ambos lo solapamos.

ATRÁS

Cada día es un escaño para olvidarte, seco y duro, como
las aguas de las rocas que gimen reacciones.
Pasa lento, agónico, pero no duele.
Atrás quedarán los días que comprimíamos como dos
gotas, entre uno más uno, sin sumas.
Arcaica queda el soslayo, esa mirada que decíamos
intuir. Queda efímero, fuerte, la madera seca, la termita,
la alondra, el azahar.
Atrás, atrás, muy atrás, como los abrazos.
Atrás, muy atrás como el pasado...
Atrás muy atrás como la cola del metro en los días de
lluvia. Los posavasos, los ruidos, los inviernos.
Me quedo atrás, muy atrás, muy a ras, como la sal.
Como el suspiro, lo prohibido, lo absurdo.
Atrás.
Final.
Film.
Tras de sí.

ROZADURAS

(Para Antonia Naranjo Paris)

Rozo el crepúsculo de una sonrisa. Es...
Asfalto como los versos que decimos en las acuarelas. A
veces es un minuto con segundos en las certezas. El
amor es un retorno, un eco de dobleces, y me encuentro
entre las curvas de una ópera y los demonios que
aprisionan el deseo.
Deseo como el mar, deseo la margarita del jardín de mi
casa. Un mar pintado de veces o de ocasiones,
intentando nutrir el estómago de la necesidad.
Eres tú. Me ves diciendo en el ático de tu magnificencia
respondo con un argot en el cuerpo, intentando tejer en
el óleo un abrazo hacia la eternidad.
Vuelvo a la vuelta de mis ojos y enciendo el mechero de
la avaricia de este amor en conserva, amor en trazos de
madreselva, en las tapias de los sentimientos y en las
alforjas. Defino el pensamiento de un pliegue de luz y de
lienzos que responda a los titubeos de los pómulos
cuando pronuncian tu nombre...
¡Ese nombre! no acierto a enlazar la lengua con el diente
que demuestra la existencia de esa definición, del
significado perfecto que responda las pruebas de una
avidez que se argumenta en las sábanas de tu existencia
en cada páramo de los días.
Rozando. Rozaduras de los momentos: azul, naranja,
sepia, matiz agazapado y miro los ventanales a ver si el
soplo me socorre.

CARCOMA

Silenciaba el pequeño detalle de una nota en el capítulo sin libro. Silenciaba, el áspero cantar de quien no tiene una brizna de viento.
Porque el aire agitado se llevó la musa. No sé dónde encontrarla. Estoy en ese momento en que puede que necesite unos ojos más aterciopelados para decir mi propia luz. O a lo mejor estoy seca de palabras que antes agujereaban mi cabeza sin un motor que le pusiera orden, Siento el orden sin concierto de un altavoz en mis propias letras. El cincel se ha vuelto opaco de tantos golpes. Ya no escribe ni siquiera un adiós que no es un comienzo. Ni el final. Flotaba en un estado anterior a la carcoma, la carcoma que mata los recuerdos y teje otra piel, que me seduce más.

SÚPLICA

Me quedé sin vaso donde mirar las flores.
Huésped en mi casa,
mortal sin mis manos.
Curioso los muslos
que ya no jalean el sustantivo
ni la pértiga esclava.
Te estoy llamando súplica;
estoy llamando a la muerte.

Estoy llamándote amor.
Estoy abduciendo la llama que me corroe.
Estoy suicidándome a la sombra de mi propia sombra.
Estoy suplicándote.
Dulcemente, no existes.

QUEMA

Ya hace tiempo que el litio no me amarraba. Casi había perdido el sabor, el hormigueo de esa ansiedad en mis manos, sudando con el arrecife de las playas dormidas, las que en invierno teclean al subir la nota de la discordia. Me tomaría ahora mismo ese mal sabor hambriento de la desidia.

No. Bajar la guardia contra el muro de los propios latidos es sobornar a los pleitos que rebozan en la yugular. La tarde es como ese mar... rocambolesco... Me emborracharía de absurdas lenguas para matar las hormigas. Destrozar los pasos en las piernas abiertas esperando espolvorear el sexo converso de las premisas. Te esperaba. Como siempre. Aunque tardes en aparecer. Sentémonos como la tregua en la paz de la ladera de las batallas. Esas... Las que me pueden. La maldita prueba, la proeza, la desfachatez de los ombligos.

Maldita sea la vez que nací con este ron atemorizando el paisaje de mis días, noches, amuletos... Quiero, quiero y no puedo deshacerme del nudo de las corbatas. Es... una soga, como la comida que escupo, agotada, de los canelos, esa es mi rareza, mi copa, mi champán. Debería prender las flores y arrancarles el ojal como si usurpara el imperio de mis sentidos y obligarte a no disfrutar de las bellezas externas.

Obligar, casi me río de la evidencia, quema la sangre, y la garganta y como el final quedará menos, mucho menos, para vomitar el principio, ningún principio existe si antes no existe el final.

Me escapo...
...solo finjo, solo digo, solo hablo o lo invento.
Lo retoco.

INVENTANDO
sonoros
aromas y
benditos,
encubiertos,
locos desvaríos.

Amor es la palabra convertida en labios.
Semánticamente derrota,
y agudiza en tu lengua.

Iniciando la noche,
Suben los bellos corceles,
Ataviados de cítaras,
Bordeando la sal,
Emergen como luciérnagas
Lucen como sirenas.

Sorteando el pequeño
Olvido en odiseas,
Lagunas uniformes del tiempo,
Escuece como la sangre.

NO DUERME NADIE

No. No duerme nadie.
Ningún quicio de la puerta
asoma en el umbral.
Sitiado. Malherido.
Pero no duermen.
Dormidas permanecen en su silencio
cuando el rastro de la quema
agudiza una serpiente.
Dormir es un salvaje cuento
entornado entre lánguidos cubrecamas como la muerte.
Pero no duermen. Lo repito.
Palidecen al eco de un crisol,
al oeste de un doblez,
y en las cortinas del salón apuñalan
una voz tergiversada en la noche.
Ronronea incasable, y no duermen.
No dormirán en los quicios latentes de las puertas
de los anales, los que conmemoran
batallas de un yo a uno mismo, enmarañado.
Los cristales en las ventanas cierran en par en par,
antojando un gorrión en la rama de una espera.
Espera, siempre esperando,
a que nadie duerma,
a que nadie diga,
golpee el visillo
antojando la vidriera
cuando entonan melodías de ruiseñores,
y de repente, nadie duerme. En una piel, en un aliento.
No... no duerme nadie.

OLVIDAR

El olvido el túnel de un crucigrama,
un solar que fumiga hasta el aire que lleva el recuerdo,
una cloaca casi diurna.
El olvido es la amnesia de un te quiero y un adiós,
conservado en el formol de aquel
que espera una nada que no llega.
Será quizás, manojo de hielo
en la sartén de los mangos dormidos,
diseccionando una palabra
en una metáfora sin aplomo,
dando por hecho que las letras de las partituras,
no tienen música para evocar los recuerdos.
Se calientan al amparo de las bombillas
que son encendidas en las calderas la amnesia.
El destierro a sufrir las uvas
de la ira o de la rebelión del entrecejo,
porque los párpados se cierran
y esbozan un no quiero y ya muero.
Sé. Saber y digerir
que pretendes salvaguardar las distancias
en las líneas imaginarias de la mente,
que es mejor que inyectar la hormona
que permita funcionar a la coherencia del te necesito.

DESNUDO A MINUTOS

Desnudo a minutos,
o a segundos, los golpes de mis piernas,
de mi cuerpo, de mis nublos.
Desnudo como el caracol sin enroques
en las salinas.
Hay una tregua en el desfiladero,
se oye... se oye...
arrancando la americana en los puertos.
Las goletas son como huracanes.
Reflejos tenues en espejos.
Destruyendo la pitarra de tus gestos,
la picazón de una pestaña,
y silencio... una gotera
en los embarques de los lomos,
de esas apetencias que susurran los espasmos,
y los cristales se perpetúan en los discos solares,
en el roce de la línea menguante.
Sutil muerde la arena del circo.
Punto.
Las comas me las comí junto al apetito de mi fantasía.
El tejado moribundo de sales y especias.
Dame el perfume de la inercia,
de la saliva mal claudicada,
de las voces inertes, sublimes, consanguíneas,
incestuosas
de las bocas abiertas como los muslos.
Suman restas oblicuas en los membretes de las puertas,
y el rosario se queda sin cuentas en las manos.

DESHOJANDO EL POLEN

Deshojando el polen.
La margarita que guardaba en mi lecho.
Deshojando la sal,
la vida y las manos de un equívoco sin líneas oblicuas.
Por más que deshojo y quiero quitar,
los pétalos de mi memoria se agarran a un tirachinas.
Se agarran como brazos al cuello de mi recuerdo.
Y es inútil dejar de amar... porque amo con más fuerza
que el deseo de no amar.
Y es que a pesar de ese silencio
que envenena mis sueños,
el silencio es como la nube que orienta la ternura
que no tiene fin, es más fuerte... que el sepulcro.
Deshojo y pongo arena,
donde quiero poner viento,
y solo mezclo mi tristeza con la brisa
de una pluma cayendo sobre una singular melancolía.

DEJASTE

Dejaste tu rastro en una letra casi escondida.
Dejaste mi vida en una pausa encendida.
El beso en los retales de las mañanas.
Una coma donde posar los augurios.
Dejaste o fuiste, o tuviste o disparaste o solo...
Dejaste que te amara en una procesión casi imposible
llena de restos en las aceras,
en los rincones de esta mente, casi... dejaste.

TU MANO SE FUE A LA NADA Y ME QUEDÓ EL FRÍO

Me he retirado de la batalla.
Juego a ser mortal en un Olimpo sin dioses.
Y tu mano se fue a la nada, y me quedó el frío.
Agarrota mi semblante
como la escarcha, salteando los caminos
que abren en mis ojos.
Llagas dormidas.
Carecen de vida.
Creo que hoy se metió
el frío en mis huesos.
Solo digo mentiras.
Olvidé encender la luz,
veo el reflejo del candil en mi solapa,
en el rincón donde recordar las hojas de los árboles.
¡cómo bailan para mí!
Expreso retales de un libro.
Lo dejé en el epílogo
intentado releer una estrofa
con el paladar de mi ironía.
Y por fin te vi.
Ya puedo dormir.

PÉRDIDA

Llamarte es mi condena.
La espina que cuaja de heridas mi muerta esperanza
y un sonido en el estertor, casi un Dios, en el olvido.
En vano busco tu mirada para asirme,
en vano es un sonido del viento en las mareas.
Mi grito es un llanto gris golpeando mil rostros,
mi grito no es grito, solapa en el sonido, un algo sin eco,
punto en boca de dos tercios y una fracción, en la meta.
Un estrépito en mi pecho que no reconoce sus latidos,
marca páginas de las vendettas, lo asfixian en la ventana.
Caído se estremece pulso a pulso,
las insufribles bocas lo manejan,
esperando la calma en la oración de tu nombre,
un lánguido aleteo en las caricias,
una leve sombra que me dice
que ya no he de encontrarte.

Isabel Rezmo/ Inma J. Ferrero

SUMAS

Queda seguir.
Queda huir. Llorar.
Queda lo obsoleto en un cristal
vacío de absurda contienda.
Por quedar acepto la renuncia.
Por dirigir más allá de una tregua mal nacida,
acepto, aceptar el barco y la acuarela.
Quedaría mucho más pintoresco
el sumar o restar el cociente
de mi indefensión, frente a mi salvedad.
Significaría ocultar el retiro,
jugar con los tabúes,
y al final los restos de mi propia quema.
Entre la secuencia de versos malditos
quedaría un pequeño lápiz en la punta.
Y los vértices serían marcados por los naipes.
Y los cuadernos arrancados de las hojas
de los epílogos.
Y los libros cubiertos de cadenas
para atrapar la palabra y la definición,
el oscurantismo,
y la codicia
frente al conocimiento,
de ti, de un superlativo,
de los antónimos constreñidos.
De los principios deshonrados,
las teorías muertas en el arcén.
Y mientras, conspiramos.

NÉCTAR DE AJENJO

Pérfida. Angosto mal.
Ícaro perpetuo donde dormir en el trasiego.
Las esquinas hablan con un vacío en el quicio,
y borran vientos, ¿Acaso mar?
Dime la silueta equivocada como las voces.
Los fríos intensos de la mentira, o la burda tragedia.
No soy un sainete despeinando llamas.
El quemazón es enorme.
Como la sílfides que reniegan en el placer
de los minutos equivocados por la boca.
El pez muerto, inviolable,
la usurpadora estirpe del motín de mi enemigo.
La inquietud o la supremacía.
Los brazos en cruz y el norte
perdido en la cuaresma del destierro.
Y trago el aguardiente en la tráquea
de los sustantivos que invoco, que pierdo o reniego
en la equidistante marquesina de implorar y sucumbir.
Una y otra, otra conducta cruel
entre Dios y yo, o lo siguiente.
Amante muerto o quizás
el dedo en los labios moribundos,
El amor que escapa,
la indigencia de los besos,
de la fiebre angustiada por el tedio.
Y yo pensando en ti como los roces,
en la mano hacia mi sexo
doliente de codicia
mundana.

ME QUEDO

Me quedo en estas paredes.
Me quedo sentada.
De pié.
En el atril.
En el mundo.
Fuera del río.
En el mar,
en el puerto,
en la carencia.
Me quedo entre dos soles.
Me quedo.
Desnuda.
Sin bolsillos.
Me quedo entre la mañana
o en el tendedero poniendo el latido
entre flores secas,
o raras.
Me quedo.
Me quedo.
Me silencio de todo el ruido
que teje más ruido y solo come el ruido.
Me quedo sin ti o contigo,
o con el otro, o con la vida.
Me quedo...
me quedo sin fuerza, o con fuerzas
o con las piedras,
o con la valentía,
o la constancia,
con el miedo,

con la impaciencia,
con la muerte.
Me quedo.
Sin lotería o con el premio,
el castigo,
la soltura,
la incongruencia.
La nieve,
la dama,
la herencia.
Me quedo.
Así, en la mesa.
En los visillos.
Me quedo,
me quedo sin monedas, sin labia,
sin palabras,
sin fuerza.
O con desidia.
Conmigo.
Finalmente en tu placer. ME QUEDO.

CENIZAS

Dejaste tu rastro
en una letra casi escondida.
Letra sola.
Perdida. En el agua.
En la niebla.
A veces, un mar,
otras un sueño en los labios,
como ese cuerpo, no se ve
en sueños.
Tus pasos, su marca leve.
Pura noche.
Puro reflejo extinguido.
Árboles que palpitan,
pidiendo tiempo, sangrando sombra.
Tus manos, tus huellas,
tu sola presencia en mi conciencia
que no se diluye,
que no se contonea...,
que no se apague.
Aceras, corriente en un solo latido.
Soledad. ¿Cómo has venido a llenar todo mi espacio?
Ríes. No sabes bien lo que ha sido
este puente sin murallas.
La copa del cristal servida con descaro,
cuando enmudecer a mi propia cosecha,
entonces es cuando te despacho, pero tú arrecias.
Arrecias, soledad. Tiembla el aire.
No podrás tejer olvido.

Ni espuma... Ni mares, ni tiempo, ni espacio,
ni ninguna encuesta con precios al valor de quererte...
Estoy de pie. De veras.
Si siempre he andado así, sin sombrero.
Con el abrigo de mi propio ser.
Con la batalla por el carmín de los labios
con sabor a resquemor de una idolatría.
Con el furor de vivir así...
Vivir a cada minuto y decirme a qué vivir...
Pájaros de la noche, venid. La cortesía de alguien que
vino cantando. Habrá un soplo. Habrá una voz. Habrá
momentos que sólo se tejen en las evidencias.
Sólo quedó de tus pasos, un incendio.
Una ceniza que el viento dispersará.
Pura tiza. Puro azar.

Isabel Rezmo
Adela Leonor Carabelli-Buenos Aires (ARGENTINA)

No tengo letras,
solo la migraña de no poder matar
el vacío de la indigencia,
si pienso como la flor del cieno
salvajemente me tira los pedazos,
me fusila
y me grita.

UNA MANO LAMIENDO CINTURAS

Una mano lamiendo la cintura,
palpando el agua, círculos al alma,
robar cirios, en los ángulos calma,
una llama rozando partituras.

Ir muriendo en un pasado imperfecto,
vacíos reflejos en los ojales,
invitar a la quema los finales,
agujereando el retorcido afecto.

Diciendo ideas imploro al deseo,
tregua en los planes de la resistencia,
los suburbios candentes de la ciencia
que dispara las amarras del reo.

Apalabro evidencias o certezas,
restan, suman la lápida diluida,
manuales de noticias en la huida,
terrible piedra de las sutilezas.

Poso mis manos blancas de terciopelo pétreo sobre tu cintura, sobre tus huellas, adoctrinando mis pupilas de tu fiel rostro bañado por la blancura del oasis; casi tocar el mármol, los grilletes, la niebla y el vacío... De pronto suspiré a las piedras... y tomé de tu vástago el elixir de las flores para sujetarlas en el tiempo...

SIN QUERER

Sin querer, fui a implorar la discusión,
a la virtud de poder amarte de lleno,
en la atadura de este infierno tan bueno
con la muerte en el ego como anfitrión.

Someto el juicio al yugo de la extorsión,
El tira o afloja a un clic loco y ameno,
matando la calma usurpando lo ajeno
traigo la miel a la propia condición.

¡Qué solitario y frío es no ser querido!
inducir con las palabras, si, al espacio
de no tener tiempo de curar lo herido.

Me convertí en un cerrojo del aullido,
ni siente, padece o muerde en el prefacio
del murmurar estridente y sin sentido.

LA PLEGARIA

La plegaria es un roce de fluidos,
ácido estigma en la lengua oxidada,
cortando bellos caminos huidos.

La masacre, la marea cortada,
tesoros de la mañana revuelta,
la curva yace dormida , armada.

He dejado latir la sangre absuelta,
la caricia en un intervalo oscuro,
pálida ausencia, bendita , disuelta,
en el ancho espacio de un mar seguro.

ENTRE LAS ZARZAS

Entre las zarzas de una contienda.
Me maquillo.
Antes no sabría dibujar el espesor de mi alma
atenazada entre suspiros profundos
de cerezos trasmutando los pechos.
Entre la agonía del esperpento,
tronaría entre los minúsculos cielos
y comprendería el racimo de toda desnudez
entre las ramas.
Entre las zarzas tomaría el te
aprisionando los bordes de los pómulos
respirando... solo respirando.

IDILIO

Amarte en la penumbra casi furiosa,
pero ser libre, tierna, rota , escondida
la miseria, el crisol, la figura erguida,
con la señal fiera de la flor odiosa.

.

Aquella cima contempla dolorosa
las veredas de los caminos y ciega
huracanes y arrogancias; se restriega
con la razón y la mentira copiosa.

.

Mirarte en espejos de sombras obscenas,
maldecir los clavos de dolor, modelan
la savia ardiente que adolece en las venas.

.

Como perfumes, los susurros se hielan;
la rutina, escozor de hambre ,las penas,
los posos del horror de virtud congelan.

DIFÍCIL

Difícil.
Suena difícil.
Difícil hablar.
Besar. Acariciar los vientos.
Difícil tarea para esclavos.
Ahuecar tu almohada.
Beber... beber tus deseos.
Hacedlos propios.
Difícil arropar el cuento
que no tiene final feliz.
Aun cuando respiramos
el cloro, la palabrería.
Todo es demasiado difícil.
Plausible.
Difícil sacar el perro
que ladra en nuestra esquina,
en la del vecino.
Sin fuerzas para violar la salvedad
o las ganas de echar un polvo
en nuestras propias mentiras.
Atajar la bilis en nuestra garganta.
El vodka baja rompiendo las entrañas,
como el gallo trasquilado por el vertido
de la incongruencia.
Siento ser tan difícil, tan perfecta en el ego.
Muy difícil. Sabedlo.
¡Qué difícil ser sencillamente humano!

RICTUS

La soledad
duerme.
Se agita,
desborda,
se dobla,
se vive,
se palpa,
se hincha,
se cierne,
se dibuja,
asfixia.
Se nubla,
se cierra,
se sirve,
seduce.
Muere.
Rompe.
Pernocta.

L

Lágrimas.
Legión adorable de ictus profanos.
Litigio entre las ondas concurridas de inquietud
volcánica.
Longitud eterna entre diámetros opuestos.
Luna de abril descarada en el frío pétreo de las curvas.

TERMINA EL PÁRRAFO

En el altozano me tienes, en la plaza
ahogando los suburbios en los segundos del día,
ignorando la pulcritud de la propia muerte.
¿Te acuerdas cuando discurría el óbito
entre dos tercios de tu boca?
Sobre mis muslos latentes de ensueño,
y las espaldas rotas por una letra
que sabe a mil amaneceres en el consuelo.
Estar triste es un señuelo de la propia soledad
mientras la gota se percata de mi razón abduciendo
la química de los ramilletes.
Hecho poesía en verso muerto o prosa acabada.
Hecho memoria o virtud latente de los mediodías.
Caracolas subyacentes de hormigón armado.
El polvo negro de la pólvora me quema las palabras
en los versos aullando acertijos sonoros
de madreselva o de estalactitas en lo irremediable.
Se puede ser indecente en los sonidos,
en el vil cubierto del almuerzo diario.
Se puede o no se puede, o se debe, se quiere
verter el sabor unísono de las carencias en las formas.
No discurro entre motetes o letanías.
Las abejas sitiaron mi panal clavándome las pupilas
como aguijones sin el trébol de cuatro hojas,
entre el azul o el intenso paladar de quien no le escribe,
entre el sudor de una roca, el clamor...
clamor que opera y rebaja las defensas, y termina
el párrafo pronunciando la palabra que se repite
en la niebla de las damas.

Olvidar es morir en la nostalgia del propio deseo.
A la tarde respiro tu nombre, lo hago lápiz y
lo repaso en mis mieles.

ÁRIDA

Árida llanura
arrancando la muerte,
amarrando la lluvia,
azahar que despierta,
al limbo secuestra.
A la manera de ser tuya,
a la par me penetras.

Entonces caeré en la muerte densa
entonando un leve suspiro,
esperando que la lluvia cese en mi cuerpo,
estocada perfecta a mis impulsos,
escribiendo versos que el óbito
encuentre en grito de una balada.
Intruso malherido de mis voces,
intratable como la razón,
instintiva como el placer
inerte en este cuerpo
insulso de dolor entre paisajes,
imitando la huella de mi sexo en mis ojos.
Oscuro es el tiempo que secuestra
un huracán entre los visillos de la propia inercia.

SIEMPRE SALE EL SOL

Siempre sale el sol.
Si la noche no deja verte.
Si la indulgencia
te niega el consuelo.
Si la lágrima te dicta
telegramas a la cornisa de tirarte.
Si el valor se rompe por el escozor
de las horas muertas.
Si ahora no es mañana, ni nunca
el momento.
Si es sí o no o puede o debe
o quiere...
Siempre sale el sol...
Siempre hay una raíz,
el nombre y complemento
a tu ayuno.
Los rayos hablan perfectos
sinónimos que lindan
con el sufragio de contradecirte.
¡Mirad los pétalos de las voces,
descargan aromas en el tiempo!
Encaje de romper los puzles
y hacerlos añicos.
Sí. Siempre saldrá el sol
para matar la violencia.

ME AHOGUÉ

Me ahogué,
me ahogué lentamente
en mis propios crucigramas.

Seguiré la senda de tus infinitas voces,
de tus infinitas caricias,
en una clave de sol hacia los hechos.

Eres el cortejo de un sueño
sembrando destellos,
como una mano en la letanía
de la mañana.

Un surco, un tiempo
o verbo subjetivo de mis días,
un cielo de estrellas en la brisa de mi regazo,
como un grano en el mar de mis sonrisas,
un tesoro en la piel de mis abrazos.

La niebla como una dama envolvente,
casi escuálida.
Los ojos labios que hablan
que seducen un mediodía.

Una flor, las marismas de los gestos.
Mientras me escapo... solo finjo, solo digo,
solo hablo o lo invento.
Lo retoco.

No tengo letras,
solo la migraña de no poder matar
el vacío de la indigencia,
si pienso como la flor del cieno
salvajemente me tira los pedazos,
me fusila y me grita.
¡Si pudieras descifrar mi memoria!

Olvidar es morir
en la nostalgia del propio deseo.

A la tarde,
respiro tu nombre,
lo hago lápiz
y lo repaso en mis mieles.

IN EXTREMIS...
FUSILA EL EGO.

Amare

Ciega... me dejaron tus manos. Tú hueco sonoro entre párrafos... leyendo aljibes. Destripar el aire al unísono compendio de los caminos. Fluir. ..Descentrar el verbo y matar los orgasmos entre el níquel y los restos.

Los poemas se quejan de la desesperante ecuación de no tener quien le escriba. Dejó el paisaje... la dama atragantada en el páramo. Otros ojos otorgan luz para respirar entre los puntos y las comas. Mientras espero la cena.

FRAGANCIA

Te sueño en ese minuto agolpado en la ladera. Como los
montes, las suaves fragancias de los minutos, los días...
ese reloj que está marcando los diferentes signos de una
certeza, de una evidencia dormida.
Eres aire, sueño, una palabra mortal bendita... como un
número cien en la conciencia. Una corriente que salta y
grita, como los cielos.

Una línea continua. Acaso la meta de donde no se sale o
no surge, o no empieza, ni termina.
Abrí los vientos, las cabezas de los alfileres para
encontrar un pedacito de mar y poder enviar una virtud,
o un cuento, o una súplica
y así sentir, sentir, sentir...
Es el violinista tocando a Schumann,
que revierte en mis oídos, en los latidos, en las
persianas, en las mesas, en los zaguanes.
Quise decir, un final en el verso, sin estrofas o métricas
insufribles y morir en los besos.

CRUCES

Atrapa mi lengua entre los esquivos deseos, un dulce
corrosivo en los latidos de un afán... suspiros que
atragantan los labios, enmudecen los ecos, aplastan las
dunas. Y el matiz: me doy el gusto de olvidar, por el
placer de oírme.

VIDA MÍA. VIDA. MI VIDA

Entono en las mañanas frías de noviembre hacia diciembre esa letanía. A veces me soporto como un abanico enfundado en el velo de las cortinas.
Y es que nací en el temblor de los párpados diurnos ennegrecidos por la lluvia de esta mañana. Tuve que salir a coger la chaqueta del recio amor que me envolvía en una sábana sin ataduras.
Y es que te digo. No dudes.
Vida mía. Vida. Mi vida.
Al filo del café que me tomo en las horas muertas del día miro un espejo. Curiosa manera de verme en los relieves de las mangueras. Como los autobuses de recreo enfilando los pasos de peatones en los recodos dormidos. Los prospectos de las octavillas me recrean una y otra vez ese nombre, esa definición exacta de tus vocales como el eco de los pájaros en las orillas, en los goteos de los grifos que no me dejan dormir, ni moverme de un lado a otro en el extremo de la silla diurna.
Escribo, descifro, lo vivo, lo pinto, lo acuno, me lo bebo, lo mastico, le doy el impulso a una sangría en el cliqueo de una metamorfosis en mi cabeza. ¡Qué horas más muertas sin despotricar en tus brazos en la manera que me santiguo, si me desafío, de osar implorar una tregua contigo!
Vida mía. Vida. Mi vida... que no es mía, ni tuya ni de la otra vida.

¿De quiénes son los versos que imploramos como besos en la madrugada? ¿La fiebre es consecuencia de la vida mía y tuya que se nos va en galimatías sin cuentos perfectos?

¿Dónde?... ¿dónde?... ni cómo ni cuándo...
Vida mía. Vida. Mi vida...

LOS PÁRPADOS SE AGITAN

El sexo de una condena. Lágrimas agitadas, verbo sin carne... Gloria sin exceso. Los párpados infunden gritos sutiles que elevan el éxtasis a un universo divino entre lo humano y visceral.
Los párpados me lloran igual que un vacío en medio del vaso. Se agitan.
En azul.
Me esfuerzo demasiado.
Como volcanes en la selva; a veces creo que se difumina en mi rostro. Tu rostro, o aquel que no se deja. No lamenta.
En la noche se silencia.
Sí.
Basta mirar un meteorito.
El sueño soporífero que se deshace en un péndulo de motivos aparentes.
Voy a acostarme. Luego me quedaré clavada en una cruz profunda, una estaca, en cualquier lado de la cama.
Puedo ponerle infinidad de sabores, o de significados aterciopelados. Inherentes. Rojos o amarillos chillones,

pétalos floridos.

Esta madrugada no hay hambre. Se esfumó, igual que las ganas de masturbar un ocaso en las sombras.

Ya no seduce. Explota.

Tic. Tac... me susurra. Es una hoja, una mazmorra, una cantina sin vino o sin establo.

Creo que voy a cerrar el punto final, en tu lengua.

Un amor, o un te quiero. Un déjame. Oscuro como el sol.

Mejor no digas. Desearías poder inhalar una palabra que el sonido de una sílaba.

Un beso sin sexo, un oscuro viaje sin aposentos.

Ya cerré el gong.

Salpicó. Ensuciando un somier.

Juguemos. Me desnudas y yo te penetro en un segundo sin cuentas... penetrar entiende, no concibo otra forma de sacudir mis cerrojos, aquellos de los deseos. Las horas muertas.

Esa... imperturbable voz de un run run....el gato que malvive en mi oído.

La escarcha.

Los días.

En teoría debería pasar a la práctica sin doblez, jugando.

Ya lo vives.

Una mano dentro de un puñado de raíces que intento solventar como un mapa, que desentierre un suspiro.

Desenterrando, mi lecho, mi nombre, otro tal vez.

Me desentierro en ese lamento de continuos arrecifes.

Te agitas, nos agitamos en dos nadas menos un momento que den la suma de dos murmullos, en tu cama.CARNE

DELIRIUM

Embriagada, atornillada por el sorteo de una caricia.
Cada vez que mi cuerpo se deshiela cuando pienso en tu
lado salvaje de la cama. En el incienso de una flor sin
nombre que penetra en tus pupilas.
No me das tregua, te abraso en el humedal de tu agonía,
cuando me pierde el deseo de estar junto a ti.

CÍTRICO

Se perfila la belleza de dos cuerpos en un charco de
atardeceres. Casi poético como el fuego de una vida.
Aumentaba la pulcritud de la esfera sin medida. No sé
dónde poner el acento. La rima no sale en ese vaivén de
flujos corpóreos. En ese toma y daca del ensueño.
Ejército sitiado en dos bocas que se miran. Se ciegan en
la luna del mediodía del deseo. Los labios espadas
corrosivas. Oxidantes en el cabello de tu ojos, de tu
cuerpo, de tu vida... No puedo decirte mi
propio sabor, ni mi fiebre. Es una maldita inclinación al
deseo que suscita como el trato agradecido, de no
haberse visto... ni siquiera conocido.

INÚTIL

Me encontré tus labios y tu cuerpo se escapaba entre los lamentos de mi carne. Intentaba detenerte. Inútil el deseo que se arremolina en un cruce de bocas sin aliento. No es besarte sin desear tu roce.
La almohada se empapa de tus recuerdos que sudan cuando te olvido. Debería salir a la lluvia desnuda y empezar a acostarme en las gotas que me van indicando que no puedo. No puedo pronunciar tu nombre sin encarcelar las lágrimas.
Es inútil.
A solas con mi fantasía te dibujo en el sueño.
Caduco.
Caduca los días, caduca mi cuerpo, caduca la desidia, la miseria, el trago que no saboreo, el dolor, la idea que no es el fragmento de un capítulo, ni siquiera es el lastre que arrastro con tu fe.
Porque no es la mía. La vendí cuando decidí secuestrarte en fosas geométricas de las celosías donde escondo como un ladrón, prestando a la huida juegos malabares.

NÉMESIS

Estoy cómoda. Como nunca llegué a sospechar.
Tengo la migraña pasándome factura pero aun así me
deja fijar la vista en mis palabras.
Palabras que no saben a moho, no saben a soledad, que
no le dan al RESET de ese chip de mi cabeza.
Estoy en una línea divisoria de mi propia certeza.
No tengo incertidumbre, tampoco la luciérnaga que ha
encendido esa idea imaginaria que resulto estupenda,
magnífica.
Cada día prefiero hacerme menos presente; a un pasado
perfecto de un léxico que empieza a graduarse en mi
cabeza.
¡Qué distinto es todo desde hace tiempo!
Distinto y semejante a la lluvia que despide heridas que
van calmándose como las llagas.
Incluso Dios me asiente la cabeza. Nunca estuve tan
cerca de Él, y tan lejos de lo cotidiano.
ESTOY.
Es más de lo que puedo añadir.
Más de lo que podrías esperar.
He aprendido a traspasar el umbral del silencio como el
galope de una ensenada.
Todo se convierte en indiferente, porque la indiferencia
me enseñó a cerrar con la niebla las manos del tacto.
No hay perturbación porque la maté de un soplido.
Ceniza que se forman en el viento con la marea de mi
propia desidia.
Continuemos.

AMOR CON AMOR

Amor con amor es un secuestro de matices. Siempre queda restos que limpiar de la comisura de los labios proscritos. Siempre queda algo que mancillar en los arrestos. Algo por quienes la pena o la vergüenza se estrellan en aviones ultra secretos. De lenguas mediocres donde endulzar las mieles.
El amor con amor empolvado es un sucedáneo de movimientos. A veces vacíos, a veces siniestros.

Queda entonces la digestión mal llevada, por la patente de comprar el aliño, en aceites de semillas, más, que la semilla de germinar las flores.
Te queda limpiar la condena.

VECTORES

Miro los ojos de los versos en cada páramo, en cada olor, gesto, ropa, zapato, "descosío".
El verso de lo ajeno y de lo propio. En el sol, la guerra, el bostezo entre sabanas.
Cola cao saboreado entre los gritos casi suaves del escozor de levantarse en la mañana.
Lloran las calles y se condensa la raíz, los espejos, el corazón. La calles es un amasijo de roles, de letras, de puntos en la garganta donde la vida no es solo tragedia, es también poema, a veces inevitable, inacabado, o incluso libre , en los rayos espolvoreados del alba, o de la madrugada.

En un sinfín de claros, de medias tintas, o bien, de
partituras, de hojas, libros, farolas, coches. Olor a carne,
olor a rutina, olor al tiempo, a lo corpóreo, vitalicio. La
soledad del dormitorio. El tic tac irrompible de las voces.
El desnudo del amante, del niño. La pesadilla, el goteo
del grifo. En la mesita de noche el libro o la novela que
deja el suspense para el día siguiente.
Y mientras, descompongo la métrica, descompongo el
teorema, la copa de vino secuestrada en los entresijos
de los pomos.
Las puertas giratorias de los bloques, las casas
colindantes, los vecinos rallando los comentarios.
Seguramente la vida pasa. El lenguaje hace vitalicio las
expresiones. Convierte lo eterno en unos ojos blancos
como las rosas, esculpiendo el mármol por la neblina.
Y ella se sienta como las divas y contempla el escenario,
los cuerpos, la mortalidad que seca la sangre y lo traduce
en pliego imprimiendo el día después convertido en el
día siguiente, en ayer o antes de ayer, o mañana.
No Hay comensales, ni figurines. Voluntariamente a la
espalda de la virtud, el empuje diario se mete en un rol
de perfecta armonía donde la palabra protagoniza el
drama o la tragedia como si el mismísimo Aquiles
tensara la cuerda del arpa, que diera paso al entreacto.
El lenguaje es una sirena, las formas una danza con la
evidencia de la vida que se escapa mientras declamamos
como los paladines.

CARNE

He abierto en canal mis íntimos aposentos.
Mis mordeduras a las cinturas que poseen las flores
marchitas de otros rellanos ante la incoherencia de
subsanar lo que por naturaleza, me otorgaron las
meigas.
Placer, placer de ahondar en otros augurios, en otros
equidistantes momentos... en otras esfinges, en otras
selvas.
Me falta ese algo que antepone los minutos a los
efluvios, a la condensación de palabras que palpitan
entremezclando sabores. Mentiras arriesgadas. Hurtos
del semblante.
El besamanos, perfume maquiavélico de las hordas
condenatorias de los convenios malheridos.
Entonces me desabroché veinte botones entre veinte
maneras de condenar una proliferación de
mansedumbre que como amante no estoy dispuesta a
esclarecer entre los edificios colindantes a mi eterna
figura.
Quedarse muerta de frío entre tu cuerpo, mientras
arrodillada, sentaba las bases de doblegarme ante tu
apetito.
La piel se arremolina en los salvajes surtidores de tres
vértices que se codean con el placer de intentar
secuestrar el deseo entre monedas de euro sin contrato
adquirido.
Relleno tres puntos en mi cabeza.
A estas horas ni siquiera puedo convertirlo en una
oración y las ecuaciones doblegan mi superficie,

convirtiéndola en ríos, sartenes, metros cúbicos letales.
Debería ser capaz de hacer monólogos.
Invertebrados a la ecuación de los sustantivos.
Y en cualquier parte sueño. Con la destrucción o el amor.
Los muslos cerrados o la persuasión.
Inevitable es el canto de los ruiseñores tejiendo
petirrojos en las azoteas.
Es conveniente manchar de azúcar los membretes. Y la
sal gime bajo mis senos.

Amarte y no decir nada,
No saber, no entender,
no luchar, ni amontonar la dicha.
Dejar caer el tiempo
entre las cornisas

PRINCIPIO Y VERBO

Quererte.
No tiene nombre.
No tiene tacto.
No tiene anhelo.
No tiene libro.
No tiene dueño.
No tiene sabor ni pudor.
No tiene hambre.
No tiene descrédito.
No tiene nada.
No debe a nadie.
No despierta el dolor.
No tiene crédito. Ni límite.
Ni cheque al portador
Ni tiempo,
Ni espacio.
Ni fuente.
Ni tiniebla.
Ni menos tú, menos yo.
Tiene solo un pétalo
llamado amor.

(A Virginia)

CUANDO DESPIERTE DE ESTA FLOR

Cuando despierte de esta flor en los desiertos
obligando a despuntar las marcas,
cuando el frío sea el deshielo desflorado
en la marca de tu sexo.
Cuando los ríos desplieguen las turbinas de los ahogos.
Cuando... todo sea un coronel sin heridas de soslayo.
Apretará el contoneo de la tierra
desechable como los inviernos en la garganta.
Estilete de las razones.
Agudeza desnuda en el lecho.
Amante que pone los cuernos a la frialdad intravenosa,
a la incierta adolescencia de la certeza.
Cuando deslice la morfología de tu silencio.
Cuando el sonido de la lluvia invente
razones para decir lo impensable,
cometeré el perjuro de arrancar los pétalos
entre bocados de apariencia,
mientras ronronea la inquietud de retar al duelo
los pronombres que invento
a la sola esencia de las mareas.
Cuando finalmente el lecho
se traslade al suelo de la cocina,
a la salvaje postura de quien no tiene ni el áspero muelle
del viejo colchón de abandonos,
despertaré por fin de esta flor
que dejo en depósito en la montaña
que limita en mis senos,
abduciré párrafos aguantando las maneras de colocar
los augurios, agitando el olor de la madrugada.

UNA DE BLUES

Cuerpo inerte blandiendo lunas,
casi una nota en el puerto
de tus ojos , tu ombligo,
disparando metralla
en el epíteto de una boca.
Cuerpo tú, tornando la noche, o el día,
cuerpo de veinte maneras, de sombras.
Atar la cintura.
Cuerpo, dime.
Cuerpo. Me hallo
dibujando siempre
el polvo hacia mis manos.
Una de tantas.
De veces,
asfixia la techumbre,
en este incierto sabor
a fresa con nata en la lengua.
Descaro absorbente
de ráfagas moribundas.
Sí. El cuerpo, que descarga fiebre.
¡Ay, mareo superfluo de incontinencia!
Una de esas veces que marco
como los pentagramas si recuerdo...
las sábanas tiradas en el andén
del dormitorio y yo sorteando el influjo
de tu memoria, y la mía,
rozando, el ángulo... una de blues.
Una de tantas. Una de veces.

¿QUÉ ES EL AMOR?

¿Qué es el amor?
Yo aún no lo sé.
Prefiero extender el aire limpio que dicta el término,
prefiero ronronear su pelo en las caricias de la noche.

¿Qué es el amor?
Aun lo sé.

Cuando pinto los bordes de tus manos en acuarelas,
en una máquina de escribir
dictando latidos,
como el apuntador
del teatro soltando aplausos
en cada labio.

¿Qué es el amor'?
Dime.
¿Qué amanecer pintará los valles
con tu roce?
¿Qué viento recorrerá mis manos para tocar tu cuerpo?

Estaré exhausta queriendo encontrar tu sombra
sorteando la angustia y rematándola en el suelo.
Entonces sabré qué quiere decir cuando la fiebre
posee mi sangre y la coagula gritando
las correas que la ahogan por liberar tu nombre.

LUMEN

Lumen.
Ese mapa,
o el atlas de una línea.
Perfiles convexos.
Azul de las palmeras.
Neutral. Promiscua.
Ligera. Ciega.
Embrujo de las comisuras.
Besos con ácido,
Opio de las lenguas.
Carmín desflorado,
temblor en los roces.
Un complot de la nostalgia.
Volar en el ósculo.
Romper los hielos
de las damas.

DEFORME DESIERTO

Cansados, deforme desierto.
Frío elogio, suave
puerto.
Ríos concupiscentes
de descaro.
Roto, claroscuro aterciopelado,
híbrido.
Adúltero en la maniobra,
señuelo.
Clemencia y después las horas.

GUERRA

Guerra en los renglones floridos,
en esquinas que rompen las letras
como el tornado en los secuestros.
Igual que Babel confundiendo los charcos,
igual que el señuelo
en los siseantes panfletos
de los oídos vespertinos.
Igual que la resta multiplicada por la odisea
de ser o no aforismos engendrados en la cornisa.
Las tejas galopan entre ruidos y vaivenes
de un Dios que agita la coctelera pensante,
atrayente, en una pendiente que resbala
como heridas de viejos soldados camuflados
en treguas menguantes, acicalando, peinando
mis manos entre el temblor, de consumir
entendidos y pareceres.
Eso sí, mi diestra se asemeja
a la zurda, en el querer y no poder.

SACUDIR LA TREGUA

A estas horas me abrazas.
Y yo me desvivo,
Sacudo la tregua
de la cobardía
de callar y digerir,
el secreto de la propia inercia.
Tú, lo sabes y yo lo bebo.

ME ACUERDO

Me acuerdo de esos lirios,
de unos detalles rondando
las mañanas.
De un pequeño descuido
en los ojos.
De ese temor de ser
o no ser enteramente,
y tu voz recorriendo la prisa
por tenerme.
Me acuerdo de la marca
de los coches.
Un café amargo esperando
mientras adolece el detalle
de estar y no dejar
las marismas vacías a tu encuentro.
Me acuerdo,
de cómo el delirio
conduce a la destrucción o al amor.

CLORO

Susurros helados
como la muerte, el frío en el mármol de los anhelos,
de los "te quiero" que se alejan
y se convierten
en cincuenta maneras de morir por un abrazo.

HAGAMOS UNA IMPRUDENCIA

Hagamos una imprudencia
que grite entre los gemidos.
Un teorema entre los asaltos.
Hagamos transcurrir el Éxodo
en los telegramas.
En los raíles de la marea.
Hagamos la química
de nuestro nombre
con sabor a naftalina,
la imprudencia
de convertir el poeta
en el réquiem sostenido
bajo tu lecho.
Hacer de prudentes en la locura
de rociar tu contoneo
bajo la piel de las venas.
Comete conmigo y no dejes
el ansia acampar a sus anchas,
en el maquiavélico plan
de contaminar las sobras,
y reducirlas a posibilidades remotas.

MIRARTE

Mirarte... saltar fronteras.
El complot de la lengua
calentando raíles
en un sueño de voces,
y en la vitrina de los murmullos
quererte,
sin importarme,
sin importarte
la osadía
de apasionarme.
Hablar al cielo,
caer en el punto y aparte
de mimarte.
Instigar la mariposa
y al viento cobarde,
a las libélulas, sin piedad,
seguir los pasos a la fiebre,
mutilar la vergüenza
de instigarte.
Como el perverso encuentro
a la deriva,
a mi conveniencia,
a mi fantasía,
hartarme.
Y mirarte.

ACABO DE ESTREMECERME EN TUS BRAZOS

Acabo de estremecerme en tus brazos,
como la yedra profunda.
Las hojas ríen al calor de tus besos,
lujuria exaltada bajo mi pecho,
oasis profundos de sudor,
labios como puentes
entre las líneas curvas de un seno.
Me desvelo en arrogancias supremas
en las radiales de una cama,
esperando, mordiendo el control
de proferir lunas mientras me amas.

IDOLATRAR LA FIEBRE

Mis caricias se disipan,
se entrelazan como los cielos,
se esclavizan como el amante,
se transfiguran como los rostros.
Amor en el cuerpo, entre dos labios,
entre dos cinturas,
entre, dentro,
y a veces fuera.
Como el volcán, contrae,
como el hielo, sucumbe.
Entre, a veces, dentro, hielo,
es... como idolatrar la fiebre.

111

ESCASAMENTE UN MINUTO

Podría ser, un puente entre los labios
y el desafío de tenerte
en la mitad humana de este minuto.
Las hectáreas de tu piel se convierten
en bambalinas que descuelgan los tamaños,
y los ojalá pudientes,
incesantes como un muslo.
Un acertijo de poesías y dioses
en los cines de mi codicia,
en la butaca del emperador
con nombres que dicen
ser los lomos del libro
que intento vender.
Dime. O acaso como el tenor:
¿Me volveré a esa mortal
bañera de inseguridades?
Es cierto, Vida. El amor.
Escasamente un minuto.

SOY MUJER

Soy mujer transpirando ecos.
En ríos de perfumes, y besos,
en las flores de las gargantas
que nadan en los deseos.
Mujer, como el viento o la brisa.
La margarita
al veo-veo de las caricias y de los velos.
En tus muslos soy un juguete,
en tus manos, en la perversión de la mirada.
Cuerpo, fiebre, roce...
¡Ay, lánguida superficie
de rincones benditos!
Mujer, nada más.
Entre curvas y líneas
de sedoso roce,
caricias, si, lentas de azahar y ventolera.
Como las veredas ardientes entre girasoles,
como el néctar de la colmena de ojos
resplandecientes.
Suave eco de voz entre los dedos.
El solar que despierta a la vida
y a la palabra hecha verso,
musa de los poetas.

CALMA

Calma... calma...
como las celosías...
como los sábados de otoño.
Como la sonrisa de un niño,
como las huestes de los momentos.
Calma... mucha calma,
como los abrazos.
El viento me lleva
a noviembres claros,
horizontes tiernos,
a futuros perfectos,
a múltiples pasados
que entierro como las margaritas.
Lo he dicho, sabedlo,
calma como la gaviota.
Y el murmullo de tus ojos en mi bolsillo.

AMARTE, SOLO AMARTE

Amarte, solo amarte.
Mirar el cielo,
los ojos del melocotón,
el que brota en la tierra,
en los suspiros de la nostalgia.
Palabra amor, del verbo morir,
morir por vos,
o quizás un rompeolas en la bahía,
o puede, deberte un beso,
una flor,
deberte la vida,
deberte el alma...
deberte... deberte lo prohibido,
y amarte... eternamente como
las crisálidas.
Estoy suspirando el lecho de decirte tanto... tanto
y tener que atestiguarlo en el papel,
sentenciarme de por vida como el reo,
sin libertad vigilada.
Amarte
eternamente,
cada diez minutos que cuento de este momento,
en el monitor que trato de imaginar
que trato de llevarme a mis manos
en los suspiros que devoran mi impaciencia,
por querer decirte amor, te necesito.

OJEO

Ojeo el sol cuando
entrecruzo mis piernas en una pisada,
en la inmediatez de una suavidad uniforme.

Estrellas, recuerdos,
libros compuestos, sin títulos que amasar.
Ojeo.

Y tú me amas.
Luego… me olvidas y en un minuto
me amarras.

Ojeo, sin salirme de la tangente,
de la gravedad de la memoria.
Ojeo tu inexistencia,
Olfateo la profundidad de los desvaríos,
de los poemas sin nombre.

Ojeo sin mediar palabra.
Con el fin de poder transgredir
la palabra tupida
en las exequias de los momentos.

Ojeo la palabra carne y el singular
de los restos,
y siempre,
ojeo tu necesaria premura
en amar corriendo.

A ESA MANERA TAN TUYA

Cuando acerco mis ojos a esa manera tan tuya
de medir los cielos,
como un solo rugido de lava
en la materia inerte de la vida.
Cuando susurro los mediodías en el amparo,
tu frente se arruga como los terciopelos al sol
de los cerezos.
El tintineo de un reloj salvaje implora manecillas atadas
que no dejen escapar el río seco del pasado,
rocie los claroscuros y pinte una flor esmaltada.
A viva voz se asemeje al azul. O una idea.
Mirando el deseo se diluye cuando acerco mis ojos
a esa manera tan tuya de decir te quiero.
Todo se parece a un regalo de reyes,
al roscón que queda encima de la mesa de la cocina
y muerde momentos,
y tira la ropa al mar desnudo y trémulo de la caricia,
o del beso que queda ensimismado
en el placer muerto de la noche.
Poseo el pétalo como un secreto en los labios
cuando adolezco de esa manera tan tuya de
congelar los minutos y hacerlos eternos.

AURORA

Amanece volando con la imaginación.
Pasando los segundos del reloj como un aguardiente.
Pasando las horas del pasado que morirá en el ocaso.
Navego en el pensamiento de mi caída
y de mi propio cuerpo.
Trazando luces que me regalen
la orilla del conocimiento.
Telas de colores que fabrican la sonrisa,
el amor y la grandeza de tus propias manos.
Esa grandeza que amo
y destilo como el pintor de cuentos encantados.
¿Cuál es el cuento?, el que mejor inventas.
El que mejor relatas.
Tú amaneces.
Amaneces en mis días cada segundo de mi propia
existencia.
Destilas.
Bebes. Anuncias y disparas mi sangre en el calor de mi
propio cuerpo.
REVIVE.
Escucha, no hay calor sin invierno, ni mañana sin noche.
Solo existes.
Pinta la aurora y pintarás el sol.
Existe el tiempo porque tú existes.

TU BOCA ARRUINA LOS BESOS Y LOS HACE VIDA

Tu boca
es un borde de deseo
que arruina los besos y los hace vida.
Un pétalo de lujuria
que agudiza un verso,
lo hace vida,
lo hace inerte,
lo hace sal,
y entonces, pide las lenguas que no se dejan
embaucar,
aquellos que salen en la nota
de un pentagrama,
porque se hacen miel,
en los dedos de un deseo.
Tu boca,
arruina el deseo,
y en el borde,
lo hace vida.

EL AIRE TIENE EL SABOR DE TU BOCA

EL aire tiene el sabor de tu boca.
Imploro.
Es indagar en la respuesta, en la tangente,
en la fracción de un segundo
en las horas.
El aire no tiene sabor si lo alejo de tus labios.
Un pintor.
Un tejido sin telar.
El aire malsano de la codicia
de secuestrar los pómulos,
el lecho,
las piernas de los abrazos
en tu colchón.
El aire se escapa sin el sabor de tu regazo.
Elegante, alquimia
de un fluido arrogante
en el saludo de tus gestos.
Tu boca, mis labios, la codicia de ambos,
el regazo, y el saludo,
¿cuál?
El que asfixia a la memoria.

(Antología "A un Lado y A Otro del Mar" Feria del Libro de Buenos Aires, Abril 2014)

YO TE VI

Yo te vi incluso sin hablar,
casi te distinguí en un velo,
casi te amé en una escapada,
en una eternidad bajo secreto.
Yo te vi, sí.
Apenas logré vislumbrarte en segundos
bajo el aroma de un café en la madrugada.
Yo te vi, pero no alcancé la mano
para dejarte en un deseo.
No mientas, yo te vi.
Pero sin la razón de saber que eras tú.

TÚ

Exclamo ese pronombre,
con el tintineo de una gota de hielo
en la marquesina de tu cintura.
Exclamación con un signo interrogante en mi memoria,
en el disco duro de una afirmación,
ese nombre que de-le-tre-o en compañía de una dama
que me abraza sin decir avatares,
mi dama que se relame en mis infortunios
como en mis fantasías.
Exclamo, sin enunciar el epílogo,
esa nota en el monitor del páramo...
fantasmal como los rincones del averno.
T-iemblo si te dibujo,
Ú-nico en este sol.

LLÉVAME

Llévame dentro, muy adentro,
lejos...donde no escueza el sol,
donde la marisma se condense en el fuego,
en el espectro, en el aire de la realidad.

Llévame lejos,
tan adentro...
Muy dentro, muy lejos,
donde el coral se vuelva una flor
tatuada en el mar.

Tan dentro.
Lejos... tan cerca de tu sal,
a la deriva, lejos.
Tan lejos de esta nostalgia,
donde los marineros
ofrecen olas en soledad.

En la paz,
en las rocas,
te lo digo. Lo imploro.
Lejos... dentro del océano
en la eternidad.

(Para Ana García Briones)

HÁBLAME, CIÉGAME, DESNÚDAME

Háblame
del perfume, de tus manos en mi cintura;
pero háblame, o quiéreme
de la misma forma que yo probaría.

Ciégame con tu ego,
con tu voz en el paraje dormido.

Desnúdame
con el tacto, con la piel escamada de tu textura.

Abrázame,
no cuelgues este abrigo sin piel, ni reflejo,
ni sombra en el sótano de la pequeñez.

Tan solo dirígeme...
que tu palabra se cuelgue en mis frases, y pronuncien
discursos fluidos en el jardín pétreo de las madrigueras.

TE SUEÑO

Te sueño hasta en los intervalos,
entre la almohada y la repisa de noche.
Los visillos, las cortinas,
la mano en el sexo
de las llamadas a distancia,
que no descuelgas... silencio.
Silencio hasta que mates
las llagas del abandono
bajo la contienda entre
la certezas y el ruin... cerrojo.

HABLO

Hablo.
La voz es un pequeño enjambre
en los bordes un parpadeo.
La escasez es un abrigo
de pequeñas brechas,
como agua filtrada
en los rincones de los desahogos.
Fiebre de solemnidad.
Y en el apego.
Una brizna de sal
escupiendo caligrafía.
Sonámbula de esperpentos,
me río de las flores
que se ahogan en el mar.

SILENCIO

Por primera vez silencio.
Silencié a dama.
Silencio pérdidas,
silencio dolor,
Silencio.
Silencio vida,
silencio;
mediocridad, una sombra.
Silencio; estados...
solo fluyo,
soy en el mundo,
pero no soy de él; soy mi alma,
no soy cuerpo;
soy vacío,
soy de Él y de ti,
pero dejé de no ser,
dejé de agarrar el cable que no formatea.
Llegué si...
Silencio.

SOMOS

Somos. Eso somos, tú y yo,
algo más que un dos o un tres.
Algo que solivianta los ecos.
Eso somos.
La marea, el cristal, el ocaso.
Pero somos.
Infinitos en nuestros nombres,
efímeros en cada molécula,
apareando la memoria, eso diría yo
que somos.
El frío metal de la consistencia diurna.
La fiebre en el cuerpo o en el pecado.
La valentía de la vida o el desamparo,
el destierro por horas o días.
Y si embargo, Somos.
Dime, ¿Qué somos?
Dime en el azul de las pestañas.
En el desierto de esta marea
que se desborda entre altares.
La quietud o la pobreza,
y siempre somos.
Hoy me resisto a golpear el cerrojo,
porque simplemente somos.
Entre las sábanas.
Entre los labios que se cierran en el rictus.
En los momentos de quietud, siempre,
pausadamente.
SOMOS.

(A Migue)

PETIRROJOS

Parece que nacimos para encontrarnos asidos
Pergeñando vivencias al unísono, bajo aguas
Pidiendo al otro que derrame sus esencias fluidas
Postergando el final para un nuevo comienzo
Puramente desgranando un cúmulo de vida
Que supimos amoldar en los tiempos, acompasando
Dirimiendo extrañas esquirlas, para llenar el summum
De nuestro tiempo, con fervoroso sentimiento...

Desgranando palabras a cada paso
De una existencia obligada,
Serenamente dulce en cada latido
Esgrimiendo dudas, deseos apellidos
De varias maneras de santiguarse,
Adoleciendo, sufriendo en cada materia,
La que osa la vida o la eternidad,
Agarrándonos, una fiera inhóspita,
Vertiente de aguas mayores,
De flirteos en los comensales
De la memoria, de las esquinas, de las aceras.

Santiago Pablo Romero/Isabel Rezmo

MIS VERSOS SON PALOMAS

Mis versos son palomas,
como detalles en los telegramas,
soplan vientos de brisas en las nostalgias,
o revelan manantiales de proezas,
o escriben en las líneas de los amores,
desamores,
pintan un niño en el abrazo de la ternura.
Poemas, me revisto de poemas.
A cada segundo de un cronómetro
de las 24 h que tiene el día.
Y sin embargo no dejas de percibirte
en los meses siguientes a mi recuerdo,
en esos versos que nunca digo
y están en todos los libros que invento.
Como Alberti no pronuncian
se equivocó la paloma,
me equivoqué yo a redactar el amor
que te destino en cada pareado
de mi inconsciencia.

EL ARTE

La llamada de los versos es un arte.
Polvoriento camino entre pliegos.
Polvoriento...
Sendero entre letras.
Y lo llamo arte.

Espuela de marfil.
Aire, contenido en el gesto.
Corazón sangrante. Vena hinchada.
Roce entre la lengua.

Si el arte existiera en el ojal sería un complot.
Si se corre la tinta en el escenario.
Si se pinta las uñas con esmalte de porcelana.

ARTE.

Si atrae a la corista con las medias de red enseñando
la nalga de un sueño.
Soñador influjo.

ARTE.

Pintando en verde.
Azul o rojo cromático.
Cromos al busto de una entrepierna.
¿Qué SERÍA?
Oro viejo.
Salitre y encendido de velas.

Si fuera niño, sería inocencia.
Si fuera una mesa, sería pincel.
Si fuera lana sería arbusto.
Si fuera un enorme universo puede
que sin querer, fuera tus ojos,
y la boca plegada al mausoleo de las flores.
Sería verso.
Y yo poesía. Eso es
EL ARTE.

HUELLAS

El poeta es sangre,
fuerza, tumulto
de las madrugadas.
Hendiduras en las avenidas,
fuego o tesón,
vértice en las esquinas.
Encrucijada.
Peldaños, muerte o pasos.
Amor con amor enjaulado en las mareas.
Dios, palabra,
mente, acecho.
Arena en el bolsillo.
Mientras tanto, pediré un té con limón,
en los sermones.

YO Y AYER

Yergue.
Entre los acertijos,
entre la vida y sus enigmas
y los deseos de cielos en ti,
temblandoseme passado y futuro
quedome solo,
Parpadeando las flores
y los matices.
Quedo-me sozinho
ante mim mesmo
tartamudeando estrelas
de tus ojos de ayer...
Ai, saudades, añoranzas
de quando tu e eu
de cuando yo y tu
galopábamos infinitos
encendiendo el cuerpo
e besando el alma
do outro em si mesmo...
Pero... pero hoy
mi alma es
vasto campo de heredades
y soledades y vacíos,
de yo ante yo
y ayer
así...

**(Isabel Rezmo /
Edegar García Torres-Porto Allegre, Brasil.)**

131

CORRE

Rescato los destellos en la noche,
la piel curtida por el arrojo,
las sangrías de los gestos,
los turbios montones de la solvencia.

Y en el deseo humano que transpira
la rancia soledad,
el camino es un promedio
de sumas proporcionales,
en la encuesta de lo erróneo.

Y en la palabra nos miramos,
como señuelos,
vacíos mejunjes
de olas.

Y corremos,
la vida nos va en ello.

ANABELMA

Pongo puntos suspensivos en el detalle de sus abrazos,
el aire define,
una magia dentro de mi propia varita,
un soplo,
el aire limpio, descontaminado de tanto páramo.
El unicornio se ha posado en su lecho de gloria,
y trae un nombre.
No se gasta, no se pierde,
no se mancilla,
adivina,
garabatea, dibuja, atiende,
sonríe, curiosea,
tiene sílabas de verdes praderas,
tiene letras de perfiles soñados,
tiene, porque nada tiene,
solo pierde el sabor agridulce y lo convierte en manjar,
alimento de un tulipán en el cesped de un poema,
este verso, escrito.
Parafraseando un complot....
El de mi carne:
ANABELMA.

VERDE

Verde olivos, verde... verde de sol,
sudor de escarcha de la mañana.
Soy arado que acaricia bebiendo del sol y de la luna.
De manos rompiendo tierras.
Mar verde de una campiña y piel agujereada,
Verde, del campo, de tierra, de luz y sequía.
Soy. De Jaén tierra de oliva,
y en un poema de Lorca,
sones de verde guitarra en las alforjas.
Una voz cabalga en el viento :
""--Desde el musgo de los hayedos ,
amiga del alma mi mano se une a tu mano,
y el aroma del olivo me envuelve mientras miro al sur ...
Ay¡¡ el Sur... el sur es un retorno,
madre verde y terrosa ,
acúname en tus lindes. ""

Verde.
De una pistola en el barranco tardío...
se llevó la vida, se llevó la muerte.
Un abrazo al atardecer ,
cárdeno vestido de horizonte.

Verde.
Una cárcel de estómago, grilletes en mi memoria,
y una nana comida en Orihuela
en blando pecho de nodriza
quiere que el niño se duerma y brote un nuevo día.

Amor que germina, amor que llora,
amor en verso,
y de cal naciendo a la vida.

Verde es su páramo de lucha,
verde el esplendor que sobrevive
a la oliva madura , a troncos y a huertas.
Aceite, si, savia que amarga y reluce en las raíces
golpeadas en los ruedos y en las varas.

Virginia Fourco Artica - Isabel Rezmo

CONSANGUÍNEO

Carne por carne multiplicada
por el racimo de mi cuerpo sobre
vuestros pómulos.
Carne al vacío,
por el don
de germinar la vida
entre los momentos de amor,
en el sexo de una idea llamada plenitud.
Maternidad aguerrida entre mi regazo y la dicha.

(Ser madre)

LIBERTAD

¿Dónde estás?
Esa palabra
que se trastoca
entre la sequedad de la garganta.
Ese enredo,
provisto de juegos turbios
entre mercaderes y cuentistas.
Ese maquiavélico plan
de fortines, de trincheras
donde peligra la tregua o la guerra.
Esa definición,
que se trae el viento,
entre la raspa o el pinzamiento
de las mentiras.
Esa quimera... *LIBERTAD.*

FÁCIL

Qué fácil sería.
Oler a golosina
entre los manteles.
Amarte en una mentira tan verdadera que solo
cuaja en los cuentos de antes de dormir.
Amarte es un cuento fácil
para dormitar con cupido,
lanzando bocanadas de fragancias
en vez de flechas que rompen los muelles.
Fácil es pintar un corazón tendido en la piedra,
en la fachada, entre los niños.
Fácil es cuando todo lo transformas
en algo difícil,
disponible, en órbita, in extremis.
Sí. Fácil es hacerlo difícil.
Hacerlo único, hacerlo tú.

PUENTE DE MAYO

Oler la lluvia,
dibujando islotes
de amapolas.

Y ni siquiera
responde con los besos
en tus puertas.

Son tus roces
eternos y gélidos.
El mar un verso.

Son las bujías
de los suburbios altos
de las laderas.

Volando quieta,
sorteando margaritas
suspira el lema

Naufragio, tiembla,
Dormita en las camisas,
Suelta brío.

Tríptico doliente,
sauce, ventolera,
Paloma bella.

No mires lento.
Como calleja oscura,
puente de mayo.

EN FRENTE

Si no me pongo frente a todo
es inútil evolucionar,
es inútil contradecirme,
es inútil crear,
es inútil hablarme,
inútil oírme, inútil
oírte,
descabellado entenderte,
soporífero aguantarme,
autodestruirme
con la mano de la paciencia,
obligarme a reponerme,
obligarme a irme,
obligarme a rendir cuentas,
sutilmente amarte,
fielmente amarte,
aplastar la conciencia,
aplastar la servidumbre,
aplastar la incoherencia,
si no me pongo frente a mí,
mi cuerpo siempre tendrá el control
a lo irracional, o lo racional,
lo metódico a lo instintivo,
lo ruin a lo bello,
si no me pongo frente a todo
es inútil ser una gota en el océano
y una estrella en el mar.

ADN

Los minúsculos andenes de los puertos,
andan presentándome.
Seducir implorando
las necesidades como las mareas,
sacudiendo las rocas.
Soy ceguera, alfombra, violencia,
dunas y desnudez o sexo.
Cuerpo inerte,
pero Tú, me salvas.

FANTASÍA

Imaginaba un sol
en los brazos de esa niña,
imaginaba, como el pez en la agonía.
pequeños tesoros en el zaguán,
y en la vejez,
el sueño del mar,
y las melodías
el artificio de un rotulador
sin espías,
rompiendo rosas,
afilando galimatías.

APRENDIZ

Aprendo deprisa despuntando la mañana.
Aprendo sin querer un lleno en las madrugadas,
un lápiz, un pisapapeles,
un marco, ronquido,
bolso o el esmalte de uñas
con el fijador de moda que atiende
a bocanadas de certidumbres.
He visto el tránsito en las esquinas,
trazando bombillas en las sombras
para despistar al sentimiento
que me cala en los huesos, como la lluvia.

SI VERSO

Si verso en los labios,
la paloma se abre,
llueve, golpea, habla.
Si verso en los confines
me llevo el agua a mis manos,
y como un huracán
penetra en el estigma. Y la afila el rocío.

LO ALTO

Levántate. No mires los espejos.
No mires los altos.
Los bajos arrestos.
No descuelgues el teléfono en la impaciencia.
Sigue... Sigue amando.
Convirtiendo el crisol en la margarita de una idea.
Si puedes vive. Despacio como los pétalos blancos.
En el amor. O en una distancia salvable.
No. No puedes. No debes.
No digas. No silencies.
Quizás el labio pueda descorrer el cerrojo.
Puede ser más o menos una luciérnaga
en el vacío del alma.
Mientras la noche empezaba a ser alba,
apoyando tu ojos,
en mis ojos suavemente, mientras socorría la marea.
Sinceramente. Era un verso. Caía como los cielos.
Al pedestal. Debajo estaba yo.
O mi cuerpo. Sí.
Levántate. Lo imploro como los sauces.
Fuertes, íntegros.
¡Duerme. Duerme!
Todo debe estar, donde debe estar.
Desliándote en el silencio, eres tú.
Soy yo, somos los dos.
En una sonrisa que habla donde debe hablar.
La noche debe ser una línea larga entre mis ojos.
Y tú, solo tú, en mi secreto.

YA NO ES DE NOCHE

Esta noche, ya no es de noche.
Ni mañana.
Sucumbe el cielo a la penumbra de oírme...
Otro día será una vaga idea rondando
al alba,
susurrando teorías al oído,
secreciones en las manos al instinto
de amar.
Y será otro segundo,
otro intervalo,
el ángulo de los pareceres.
Me levantaré al son de las batallas
que pueblan el perfecto donaire.
Y será un argot.
Pasado mañana,
al mes de delirar
a la tragedia.
Será cuando tenga que ser.
Cuando tenga que decir.

MAGENTA

Hoy...
es tan ayer,
tan distinto,
tan así...
tan aquello.
Tanteando el terreno
de los momentos.
Ese puede ser,
sin pernoctas,
sin avaricias.
La vida es un crucigrama,
un tándem de boxeo,
asequible, injusto,
perpetuo,
con nombre propio,
nombre de mujer,
de hombre,
de esquinas,
de círculos.
Azul, masacrado
en la orilla,
en las luces.
Tan así.
Allá, más allá,
en cualquier duda
como los talismanes,
surgiendo pronombres,
surgiendo seres,
surgiendo... la providencia.

NADIE

Nadie puede cambiar mis ropajes
hacerme nadar en la abundancia o en el descaro.
Ponerme bozales o amantes baratos.
Nadie se escribe
con nombre de ayuno y cárcel de muerte.
Nadie es tan ego ni tan subido de muerte en el óbito.
Ni dolor u odio que pueda ponerme zapatos
cómodos de pringue.
Yo no puedo gustarte, ni amarme como odiarte,
ni prostituirme al son de la máquina
que mide tickets de reojo.
Ni más ni menos que otro o nadie.
Ni ponerme la chapa que no quiere ser alzada,
por nadie.

ESCARCHA

En esta escarcha blandiendo
el aire en un gemido.
Decides mansamente
doblar la quietud del rostro.
A ella tocar la linde del sexo.
A ella tejer flores secas
en muslos opacos.
A ella la vida desgarra soliloquios
punzando la suerte o la resina.
La exigua llave prohibida.

RETENES

Los escenarios comprimen
la nube de los muertos.
Mi madre acunaba la vida,
con una nana en los sonidos,
volvió se fría como la muerte.

Carne nutriente en la letanía,
la música no tiene cuerda,
en ninguna contienda.
Al roce del abrigo, me temblaba los huesos.
Calcinaba la lluvia en los girasoles.
Y mi madre, seguía acunando la vida,
con una nana dormida en los semblantes.

Rápido pasa febrero,
como los salvajes segundos de las emociones.
Señalaba Dios el santo y seña.
Pero mi madre ya no conocía
la vida, murió en los brazos y se hizo trizas.

Jamás volvió a dar cuerda a las nanas,
Y murió el aire en los retenes.
Es cierto como los escenarios comprimen nubes,
también... el hastío, y las nanas siguen...
siguen sonando en los rincones.

(para mamá)

DIOSES Y RITOS

De los dioses y ritos
que asumo en mi huida.
De los confines de un universo
que trina entre un duende
juguetón que ampara al cortejo de mi concupiscencia.
Del mito de Eva al desnudo en los arrozales.
Tergiversando una idea entre un millón de feroces
bocados a destiempo.
Claudico entre los bordes del insensato aturdimiento
que procrea la razón entre las musas.
Lo moral o lo inmoral de un arroyo entre las sabanas,
golpeando fuerte el límite que no deletreo ni el pliegue,
a no ser que vaya anocheciendo entre pérdida y pérdida
o entre la mala salud de no cuidar ni el pequeño detalle.
¡Ay...los pequeños detalles!
Se escapan en una ligera brisa que cultiva
el apetito de los argumentos, o de las bajezas,
o de las insinuaciones.
Y la insinuación supone una taza de café,
un dilema entre la boca, la lengua,
la tráquea y el silbido de los susurros en el oído.

TE HUYO

Te huyo sin falta,
te huyo entre los tableros,
entre damas acobardadas,
te huyo y a la vez me rescato en ti.

DESCARO

Amanece entre un café
y los restos del humo.
De una pasividad
que muerde 6 horas
de un mal reposo aturdido.
Mientras, daría a la muerte
mi cuerpo entre dagas blancas.
Aguerridas en la tierra.

Sentada en este carmín....en estas sábanas. .en esta
inconsciencia. .

Apareció tu boca en la mía
como dos sangrías rozando
lo eterno.

ZÓCALO

Andando por el cauce.
Blandiendo alas entre el estertor
cabizbajo de profundas grietas.
Deseoso de coger el fuego entre los vientos.
Enigmático influjo
felino de los instantes.
Ganar es un segundo, .
hielo profundo, mediocre y severo,
intratable de quimeras,
jardines y terciopelos.

Kilómetros adormecidos por el síncope
liberando impulsos sedientos de lluvia.
Llorar es un perfecto dolor de consecuencias,
maniatando las manos, los ímpetus.

Ninguneando la solvencia que rompe el cuarzo
oscureciendo islas y avenidas.
Palidez en el resorte de paredes, fuentes; rictus
que doblega la curva y el vértice.

Rabio en el transcurso de las manecillas
de la nave del tiempo
sabiendo que nadie existe
mas allá del secuestro de un átomo.

Trato de quitar balas a la sangre y la muerte.
usando la nieve como caliente mármol de las damas.

Versando entre la niebla, silencios, armonías.
Whisky en la calle. Robo los desiertos.
Xerográfico influjo entre líneas curvas,
y al final entre las rosas,
zarandea el crisol y los malos augurios.

Tibios timbales en la conciencia,
debatiéndose en el sabor distintivo de las voces
Diurno es el tiempo, doblega la escasez,
domina el influjo, duerme en los rincones,
duplica los abrazos, duda entre certezas.
Los versos caen en mí como puñales,
mareas, gotas, un eco que se desliza en mis labios,
en la letra, en los ojos...

Guarda el placer,
en islotes pequeños
y las marcas se hinchan
al crujir de los espasmos.

Siempre. Como un acertijo.
Como un Dios en lo alto.
Como un sentido homenaje a la voz
que guardo en un aparato, que no escribe,
habla en los cincos costados.
Un off que sabe a zumbido,
aquí estás al otro lado. Siempre,
como un jardín en medio del desierto.
Y me dices siempre estoy.

Yo parafraseando el litigio,
acuno los sabores de los débiles
en travesuras que tratan de cogerte
y amarrarte a mi mesa camilla,
y tratar de extraerte en un ímpetu.
Hacia otras vidas.

MATA EL EGO,
INCANDESCENTE QUEDA EL AMARE.
El vacío no es inerte.

ÍNDICE

www.ingramcontent.com/pod-product-compliance
Lightning Source LLC
Chambersburg PA
CBHW032133040426
42449CB00005B/223